名师名校名校长书系

繁星·珍珠
—— 我们的教育故事

田利云 /主编

光明日报出版社

图书在版编目（CIP）数据

繁星珍珠：我们的教育故事/田利云主编.
—北京：光明日报出版社，2016.4
ISBN 978-7-5194-1006-3

Ⅰ.①繁… Ⅱ.①田… Ⅲ.①中学教育—教育工作—文集 Ⅳ.①G63-53

中国版本图书馆CIP数据核字（2016）第126257号

繁星珍珠：我们的教育故事

著　　者：田利云	
责任编辑：靳鹤琼	封面设计：北京言之凿文化
责任校对：傅泉泽	责任印制：曹　净

出版发行：光明日报出版社
地　　址：北京市东城区珠市口东大街5号，100062
电　　话：010-67022197（咨询），67078870（发行），67019571（邮购）
传　　真：010-67078227，67078255
网　　址：http://book.gmw.cn
E-mail：gmcbs@gmw.cn　　caoy@gmw.cn
法律顾问：北京德恒律师事务所龚柳方律师

印　刷：北京市华审彩色印刷厂
装　订：北京市华审彩色印刷厂
本书如有破损、缺页、装订错误，请与本社联系调换

开　　本：787×1092　1/16	
字　　数：236千字	印　张：14.75
版　　次：2016年6月第1版	印　次：2018年6月第2次印刷
书　　号：ISBN 978-7-5194-1006-3	
定　　价：45.00	

版权所有　翻印必究

序言
PREFACE

我们的教育故事

百舸争流千帆竞，勇立潮头唱大风。我校是县委、县政府着眼于促进县域义务教育均衡发展，整合原五所农村初中的基础上新建的一所全寄宿制学校。建校之初，来自原五所农村初中的教师，思想、观念、视野、习惯……在一起碰撞，形成了色彩纷呈、百花争艳的局面。时光飞逝，许多美好的经历都逐渐成为回忆。让时间的脚步停留，让我们倾听花开的声音、品味生活的诗意、享受教育的幸福，让生活中最美的记忆画面定格。精彩演绎每一堂课，倾心教育每一个学生，完美参加每一次大型活动……都会令我们激动不已，而我们的一次微笑、一个眼神、一个手势……或许也会带给学生永久的记忆。教育无小事，事事皆育人。在教育教学实践中的一些小事、琐事，只要我们善于学习、思考，就能有所发现；只要我们敢于实践、质疑，就能有所创新。教师应该做一个有心人，用手中的笔记录下学生和自己共同创造的生动画面；同时，尽可能追忆逝去的时光，留住过往的岁月，把自己的教育故事再现，让学生在故事中"复原"，也借此机会反思自己教育的得失，重温其中的甘苦。用笔写出来，那就是一本丰富的教育案例集，讲述我们自己的教育故事，用教育的眼光解读自己的历史，研究自己的教育行为，对自己重新审视，让它成为我们幸福生活的记录，让我们在幸福的生活中寻找快乐，感受成功，享受成长，这将成为我们教师最厚重的精神记忆。

教育是爱的事业，没有爱就没有教育。首先，要相信学生，相信每个学生都能成才，用发展的眼光去看待学生。只有精心呵护，才会让花朵变得鲜艳美丽。其次，要善于倾听学生的心声，要把老师的心声和学生交流，拉近与学生的距离，让学生感受到家庭般的温暖，尊重学生的人格尊严，让教育建立在师生相互信赖的基础上。要善于赞赏和鼓励每一个学生，平等地对待每一个学生，让学生感受到老师的爱，让学生在自信的阳光下快乐成长。老师一个温暖的眼神、一句肯定的话语、一个欣赏的态度、一句不经意的赞美，可能都会使犯了错误的学生重新振作起来，让学生打开心灵的大门，使学生的心田得到滋润……让每一个学生都健康成长，让每一个学生都享受成功的喜悦。

人无德不立，成才先成人，教育的根本任务就是立德树人。俗语说，施肥先施根，育人先育心。德育是最鲜活、最生动、最丰富多彩的教育。教师应该用自身的行为潜移默化地感染学生，用爱心和真情唤起学生心灵深处的美好情感，用平和的态度走近每一个学生，用激励的手段激发学生的学习兴趣，为学生的快乐成长和个性发展搭建舞台，把学生培养成明德向善、人格健全、情趣高雅、品德高尚的现代公民。

本书是广大教师一路走来的点滴折射，是教师们对教育不懈追求的凝聚。许多善于用心的教师记述了他们成长过程中的点点滴滴，这是他们立德树人的真实写照，无不闪现着教育者的思考和智慧，它必将汇成涓涓溪流，共同奏响一曲爱的颂歌。回忆过去，就是珍爱现在。他们在平淡无奇的工作岗位上，默默地教书、育人、撰写着对教育的探索与思考、成败与得失，时刻不忘反思自己，不断研究自己的教育理念和教育实践，反省自己的教育行为，反省自己的教育观以及教育效果，及时调整、改进和提升，直至让反思成为一种职业习惯，不断促进专业化发展，使自己不断走向完善。

分享别人的成长经历，会使自己不断地成长。让我们共同分享教育带给我们的幸福，共享教育人的快乐。

田利云
2016年1月

目录
CONTENTS

第 一 辑　有爱就会有奇迹

润物无声　爱生无言 / 田利云 ……………………………………… 2
让爱与宽容陪伴学生成长 / 刘海军 ………………………………… 4
爱——教育的真谛 / 赵万生 ………………………………………… 7
浇灌心灵的花朵 / 贾茂华 …………………………………………… 9
用爱心架起沟通的桥梁 / 王建成 ………………………………… 11
坚守三尺讲台　用爱书写师德 / 王学广 ………………………… 13
用爱滋养　用情温暖 / 郑志亮 …………………………………… 17
用爱换取信任 / 屈　娴 …………………………………………… 19
感悟爱的力量 / 刘鸿军 …………………………………………… 22
大爱无疆 / 魏存梅 ………………………………………………… 24
桃李芳菲慰平生 / 张玉凤 ………………………………………… 27
突如其来的幸福 / 齐春梅 ………………………………………… 30
爱的进行时 / 陈彩芸 ……………………………………………… 31
责任如山　爱心无价 / 许　芳 …………………………………… 33
春风化雨入心田 / 蔺如军 ………………………………………… 35
补全残缺的爱 / 郑长喜 …………………………………………… 37
爱的启迪 / 胡正海 ………………………………………………… 40
不经历风雨怎能见彩虹 / 罗丽华 ………………………………… 42

1

教育的真谛 / 孙良振 ·················· 46
爱，唤醒沉睡中的孩子 / 权得锋 ·················· 48

第二辑　有一种影响了无痕迹

我是一颗小小的石头 / 李彦平 ·················· 52
女孩眼中的墙报 / 薛新国 ·················· 55
给我的学生们 / 王承宏 ·················· 57
不让一个孩子掉队 / 盛鸿彪 ·················· 59
用爱心撑起教育的一片蓝天 / 刘云飞 ·················· 61
课堂教学是一种艺术 / 王宏强 ·················· 64
微笑——心的交流 / 陈　鹰 ·················· 66
你是上帝咬了一大口的苹果 / 聂志虎 ·················· 69
用爱心对待学生 / 黄丽娟 ·················· 72
爱——从心开始 / 靳红梅 ·················· 75
莘莘学子　学业绝对不能终止 / 方联明 ·················· 78
与学生聊天的故事 / 王栋林 ·················· 81
小老师们 / 许丽娟 ·················· 84
我的孩子们 / 裴玉芳 ·················· 86
爱的进行曲 / 石晓萍 ·················· 87
用青春和热血哺育桃李 / 李之林 ·················· 89
记忆中的碎片 / 冯　军 ·················· 92
爱的进行曲 / 邢宗明 ·················· 95

第三辑　聆听花开的声音

真心成就学生人生 / 王大金 ·················· 98

触及心灵深处的教育 / 王永锋 ·················· 100
让爱永驻学生心田 / 刘永幸 ·················· 103
感悟转化 / 公吉波 ·························· 105
一颗爱心 托起未来 / 王丽娟 ················ 107
翅膀断了 心也要飞翔 / 葛立刚 ·············· 109
宽容的魅力 / 吴玉溶 ························ 111
爱就是了解 / 罗春军 ························ 113
我的教育故事之意外 / 万惠琴 ················ 116
爱是教育的真谛 / 李丽娟 ···················· 119
点燃学生积极情感的火花 / 吴　梦 ············ 121
爱让我们在一起 / 胡方济 ···················· 124
用爱换取信任 / 李永红 ······················ 127
与天使共成长 / 许亚萍 ······················ 130
"老大"的感动 / 郭万新 ······················ 132
给孩子多一些宽容 / 丁万让 ·················· 135
假如学生对你说"不" / 付勤畤 ················ 137
只有负责任的老师才能培养出有责任感的学生 / 雷　财 ·· 139
教师的幸福 / 汪婷婷 ························ 142
爱是教育的灵魂 / 裴玉芳 ···················· 145

第四辑　读懂孩子的心

坚定的信念　无私地奉献 / 赵振江 ············ 148
多一份爱心　多一份宽容 / 李　燕 ············ 151
爱要坚守 / 刘鸿军 ·························· 153
特别的爱给特别的你 / 方三建 ················ 154
爱，收获幸福 / 杨国荣 ······················ 157
微笑伴我们同行 / 王丽娟 ···················· 158
春风化雨　润物无声 / 蔺耀亮 ················ 160

用爱去教育　用情去管理 / 梁　燕 ……………………………………… 162
严在当严处　爱在细微中 / 周全德 ……………………………………… 165
给点信任就有收获 / 杨永寿 ……………………………………………… 168
让辛勤的汗水浇灌成功之花 / 田明亮 …………………………………… 171
我的教育故事——No pains, no gains! / 雷晓萍 ……………………… 173
用爱浇灌每一个学生 / 李　栋 …………………………………………… 175
让班级管理有只"眼睛" / 盛红星 ………………………………………… 177
幼　苗 / 裴玉芳 …………………………………………………………… 180
播洒爱的种子 / 王得兵 …………………………………………………… 181
我的教育故事 / 郑占新 …………………………………………………… 184

第 五 辑　浅浅的足迹

醉心教改永不悔 / 李文聪 ………………………………………………… 188
我的教学生涯 / 丁文斌 …………………………………………………… 191
在教育技术的变革中成长 / 樊明军 ……………………………………… 194
和学生一起走过的日子 / 赵海萍 ………………………………………… 198
回望来时的路 / 李生涛 …………………………………………………… 200
平凡的工作　深深的感动 / 夏君兰 ……………………………………… 203
写意青春 / 王　海 ………………………………………………………… 205
启航之路 / 田雪芳 ………………………………………………………… 208
我的艺术人生 / 李增奇 …………………………………………………… 210
我的教育故事之变化 / 何振勤 …………………………………………… 213
与你们一起成长 / 孙晓丹 ………………………………………………… 216
十年磨一剑　杏坛花自香 / 万更剑 ……………………………………… 219
行走在理想与现实之间 / 高淑娟 ………………………………………… 222
心灵的守望 / 王希平 ……………………………………………………… 226

第一辑

有爱就会有奇迹

润物无声　爱生无言

■ 田利云

教育是爱的事业，没有爱就没有教育。爱是教育中的一根琴弦，具有巨大的感染力，不管你的爱表现得多么细小，只要是真诚的，学生都能感受到并使之成为他们成长过程中的动力。

多年前，我收到从北京某高校寄来的一封信，信中写道："田老师，是您使我感受到了人间的温暖，是您点燃了我青春的火焰，没有您的大力帮助与谆谆教诲，就没有我的今天……"读完来信，幕幕往事又一次浮现在我的眼前……

2001年下学期开学已经三天了，全班学生中唯独李某某一人未报名。放学后，我骑车来到离县城近二十公里的李某某家，眼前的情景令我吃惊：两间土砌瓦盖的房子，窗子用报纸糊着，墙体四面通风；李某某的父亲因病瘫痪了五年，母亲也积劳成疾，躺在床上痛苦地呻吟，父母脸上流露出无助的表情，家中显得异常冷清。看到这一情景，我的眼睛湿润了，回到家里，用准备为女儿买学习机的钱为他交了学杂费和所有生活费。

受过严寒的人，对阳光最珍惜。这位同学从此更加努力，学习更加勤奋。在当年的高考中，以601分的高分考入北京某高校。

物质的资助固然能改变一个人的命运，但精神的慰藉、正确的引导更能使浪子回头，重新做人。

2003年下学期，以打架和爱去网吧出名的王某某分到我接手的高三（4）班。这位同学性格顽劣，平时总是愁眉不展，郁郁寡欢，从不与同学交往，也不与老师沟通，整天形影相吊，孑然一身。他性情暴躁，同学中谁冒犯了他，轻则被骂，重则挨打。当时不少科任老师规劝我："这个学生高二打架上网，到高三也好不到哪里去，你就顺水推舟，让家长接回去算了，免得一粒老鼠屎坏了一锅粥。"还有的说："你是我们学校响当当的班主任，碰上这么个学生，得放手时且放手，干脆推出去了事吧！可别一世英名毁于一旦啊！"面对老师们的"好心"劝说，我没有犹豫。通过家访，我得知：王某某的母亲过世较早，父亲好赌经常不回家，家里只有一个年过七旬的奶奶与他相依为命。我怀着沉重的心情返回学校，思考着怎样才能让王某某敞开自己的心扉，如何才能让自己走进他尘封的心灵。我相信爱能融化坚冰。9月11日这天是王某某的十八岁生日，我预先安排团支部的同学准备好生日蛋糕，布置班团活动场所。晚自习上课铃声响了，当我和这位同学同时走进教室时，教室里响起了雷鸣般的掌声，只见教室讲台上放着一个大大的生日蛋糕，十八只生日蜡烛已经点燃，同学们都微笑地看着王某某齐唱生日歌。王某某这时才恍然大悟，顿时泪如泉涌，拼命地向在场的所有同学鞠躬，这场景和这歌声他已经整整十年没有看到和听到了。他一口气吹灭了所有的蜡烛，并非常真诚地向大家说："同学们，我本没有家，今天我真正感受到了家的温暖，4班就是我的家！你们就是我的亲人！今后请大家监督我、帮助我，我一定要珍惜这份友谊，改掉恶习。"教室里再次响起热烈的掌声。从此他真的懂事了，办事认认真真，学习格外勤奋。期末考试时，成绩较分班时上升了12个名次。思想上积极要求进步，毕业前夕，这位同学光荣地加入了党组织。他的奶奶逢人就说："是田老师救了俺这孩子，是田老师使他改邪归正。"

凭着这颗爱心，一个个内容丰富、形式多样的班级活动层出不穷；凭着这颗爱心，一茬一茬的学生伴着岁月从我的身边走过，圆梦高考，走向了外面的世界。老师是学生艰难岁月的共处者，是学生心灵的呵护者，更是精神家园的守望者。让学生在人生的十字路口，得到人性化的关爱与尊重，让学生怀揣着对未来幸福生活的期盼，走进生命中的阳光地带，走向他们日臻完满的生活，这就是教育的真谛，这就是教师的责任。

让爱与宽容陪伴学生成长

■ 刘海军

爱是教育的根本。作为教师，应该用爱与宽容去陪伴学生一路成长，我想这是人民教师教书育人的精髓所在。

爱是春风细雨，吹绿大地使万物复苏；爱是浇灌幼苗的甘露，使每朵鲜花都能绽放。爱不见火焰，却热度无限；爱没有翅膀，却飞向人们的心间。爱柔若杨柳暖似春风，却支撑鞭策着我们在教育的大道上勇往直前。作为一名教师，爱既是艰辛的付出，又是智慧的体现，更是人性的张扬。我们要学会去爱：

爱得彻底——像陶行知先生所说："捧着一颗心来，不带半根草去。"爱得执着——闻一多先生告诉我们："假如我有第二次生命，开出慰藉心底的花儿，结成这崇高而又神圣的职业，因为'给'永远比'拿'愉快。"爱得从容——"教育不是牺牲，而是享受；教育不是重复，而是创造；教育不是谋生的手段，而是生活的本身！"

还记得2013年在南华初中，有一名叫小军的学生，平时上课爱做小动作，爱说话，作业也不按时交，最重要的是他写字慢，做作业，别人用20分钟完成的，他要1小时，上课铃响半天了，他经常最后一个进教室。他也有优点，课文读得好，语文基础知识扎实。特别是读课文时，他总能一字不落、一字不差地读出来，而且绘声绘色很有感情。我开始找他谈心，刚开始效果不理想，毛病也没改掉，经过一段时间的观察与了解，我发现这名学生的父母平时在家里不关心孩子的学习。我积极与家长沟通，了解基本情况并说明这样做对孩子今后的影响，通过交谈家长明白了其中的道理，同时家长也表示配合。我在课上时时关注他，有时用语言，有时用手势，有时甚至是一个微笑。课后也一样，我给予他更多的关心。同时我关注他的进步并在全班进行表扬，表扬的方式也是多种多样的，所有的作业只要有进步，我会用不重复的、或长或短的鼓励性评语进行表扬，无论是书面的还是口头的，只要是做得好的、有进步的地方我都给予表扬。没想到经过几个月的努力，他改变了很多，作业能按时交了，上课也能积极回答问题了，我没有想到他的进步这么快，更没想到会有这么明显的效果。我放心了，孩子也开心了，他再也不是以前的样子了。通过这名学生的进步使我更好地理解了教育离不开家庭与学校的配合，看到学生点滴的进步，是我们做老师的最大成功。这不正是"如果孩子生活在赞赏中，他便学会自信"这句话的体现吗？教育是一种爱的艺术，只要用你的真心、热情，就会得到学生及家长的信任，学生会把学习当作一种乐趣，也会在轻松快乐中学习成长。

宽容是一种仁慈和关爱。教师要学会宽容，我深深地感到：宽容是一缕阳光，它照亮了学生的心；宽容是一丝春雨，它滋润了学生的心田；宽容是一粒爱的种子，它会在学生的心中萌芽。宽容是一种美德，是一种为人的崇高境界，要做到这一点的确不易，但作为教师，用一颗宽容的心去对待有过错的学生，比刻薄的批评更具有教育力量。宽容与刻薄相比，我选择了宽容，因为宽容失去的只是过去，刻薄失去的却是将来。宽容让别人愉悦，自己也快乐；刻薄让别人痛苦，自己也难受。

宽容这种教育方式蕴藏着教师对学生的期盼，使学生感受到教师宽大的胸怀，收到"练其功、陶其情、促其行"的良好效果。教师不会因为宽容而失去威信，同样，也不会因为粗暴而平添尊严。宽容的教师深谙教育的艺术，"躬自厚而薄责于人"，对学生以诚恳为先，动之以情，晓之以理，使学生如沐春风；宽容的教师润物无声，在潜移默化中使学生形成文明的举止和高尚的人格；宽容的教师修养有素、魅力无穷，这对下一代的成长极为有益。

我们平时会为芝麻大的一点小事而耿耿于怀，会为学生犯一点点小错而大动干戈，还冠冕堂皇地说是为他们好，岂知学生非但不会领情，反而会增加他们的对抗心理。只有用爱去理解他们，用爱去宽容他们，用爱来武装自己，再捣蛋、再淘气的学生也会变成一只柔顺的羔羊。

每个学生都希望得到老师的理解，能倾听他们的心里话，为他们排忧解难。适时的倾听，平等的交流，胜似长篇大论的劝说。老师只有放下架子，信任学生，真诚地倾听学生的心声，才能真正实现心与心的沟通，只有宽容的教育氛围才有利于学生的全面成长和个性发展。就像一首小诗所说的：

    土地宽容了种子，拥有了收获；

    大海宽容了江河，拥有了浩瀚；

    天空宽容了云霞，拥有了神采；

    人生宽容了遗憾，拥有了未来。

  爱的力量是无穷的，学生会因为我们的爱而进步，会因为我们的爱而成才，让我们携手努力，让爱与宽容陪伴学生一路成长，让我们倾注大写之爱，培育大写之人。

爱——教育的真谛

■ 赵万生

陶行知先生曾说:"爱是一种伟大的力量,没有爱就没有教育,教育的最有效手段就是'爱的教育'。"

——题记

蓦然回首,我参加工作已有二十多个年头。回忆在工作中与学生共同成长的二十多个春秋,可以说酸甜苦辣咸五味俱全,虽然没留什么下可歌可泣的事迹,也没有什么娓娓动听的故事,但我走过的每一段路,留下的每一个足迹,都能折射出生命的价值。这二十多个春秋,走过的是岁月,逝去的是青春,改变的是容颜。但,为了我的理想和信念,我无怨无悔!因为,我知道,既然选择远方,就要风雨兼程。

教学二十多年来,我深深地认识到,"爱"就是教育的灵魂,要真心地爱每一个学生;爱,是教育的原动力。不曾忘记,多少次骑着车,踏着泥泞,顶着寒风,披着月色,一次又一次去动员流失学生,所有的疲乏和劳累都在听到那一声"老师,我回去"时瞬间一扫而空,感到自己所有的付出都是那么的有意义。

记得1999年8月,我又一次被学校分配担任初三年级的班主任和任课老师。开校几天了,可是我班的一位学生还迟迟没有报到,开校工作多,但学生没有报到却不能再耽误了。没办法,下午放学后,我只好骑着车到他家去了解情况。路崎岖不平,有些路段还有前些天下雨留下的泥泞,骑车跌倒是一件平常的事,我只好小心翼翼往前走,只要不跌到大水坑里就算好。我终于走到了那位学生所在的村子,通过他人的指点,来到了他家的门前。抬眼望去，正面没有大门，围墙用土坯垒起来，其他部分是由房屋墙和栅栏围起来的。院子里高低不平，东西摆放杂乱，只有三间简陋的土木结构的房屋看起来还算整齐。看到这些，我的心直往下沉，根据以往的经验，这位学生可能因为经济情况没有到校。我走进了他的家。屋子的小窗户里透进微弱的光，我推开门走了进去，屋子里很简陋，一个大炕，一张简陋的木桌和几个小方凳，一个很大的灶台，旁边堆着柴草。屋里有三个人，一个四十岁左右的中年男子，一个二十岁左右的男子和我班的未报到的学生。学生看到我进去，马上从他坐的小方凳上站起来，看着我不知所措。中年男子看到我进来，马上热情地请我坐下，并相互做了介绍。我这才知道，中年男子是学生的父亲，二十岁左右的男子是他的哥哥。我也做了自我介绍。我说"都坐下，想必你们也知道我的来意"，他们都一起点头。我对学生说："你是班上前几名的学生，为什么开校几天了还不报道？"学生看看我，又看看他的父亲，不好意思地低下了头。他的父亲不好意思地说，开校几天了，他也很着急，可是由于家庭各方面的原因，学生的书费、作业费一时凑不上，所以迟迟没有报到。学生看到这种情况，马上解释说他不想上学了，想早点回家务农，给家庭增加点收入。他的父亲忙补充说想让学生上学，可是学费没凑够，就耽误到现在了。通过交谈，我才知道，该学生母亲前几年因病去世，家里欠了许多债，近几年一直东借西凑还债度日，学生的哥哥二十几岁了也没有说下媳妇，都是看他家太穷。学生很懂事，他觉得在上学还得花家里的钱，更何况现在连亲戚朋友以前的账都没还，再也不好意思张口了，因此决定不上学了。我了解了这些情况后，很着急，怎么办呢？一位好学生就这样流失么？最后我狠狠心对他说："你的学费你不用担心，你上学就行了，学校不收你的学费和课本作业费了。"他听到后很惊讶，我只好又说了一遍，他才相信。第二天，他早早就到学校来报到了。其实学校当时并没有不收他的一切费用，是我用自己的工资垫的。当他知道这件事之后，对我说，他一定要好好学习，绝对不会辜负我对他的期望。后来他果然以优异的成绩考进更高的学校。当初我用了近一个月的工资帮助了他。可是，他用优异的成绩回报了我。我相信，他长大一定是一位对社会有用的人才。我以一颗仁爱之心平等地关爱每一位学生。能够站在学生的角度去体验他们的内心感受，走进他们的情感世界，他们就会给我们一个惊喜。正所谓"没有爱就没有教育"。

浇灌心灵的花朵

■ 贾茂华

课余与同事一起聊天时，我总会听到有的老师发出这样的感叹："现在的学生太不可理喻了，不管你怎样教育他们，有些学生就是不领情，有的甚至还与你对着干，真是不好教啊！"

其实这种感叹我很理解，因为当初的我也有过这样的经历和体会，但我很快就改变了这种想法。

记得我刚参加工作时，学校就安排我担任初一的班主任。班上调皮的学生很多，常常有打架的学生，受到伤害的学生也常常来向我"告状"。起初，我凭着年轻气盛，总是把力气大、较强势的一方叫来，不问青红皂白先给点"颜色"。有一次，一个个头高大的男生把一个个头矮瘦的男生打哭了，受委屈的这个学生就一把鼻涕一把泪地来到办公室诉冤，没听这个学生哭诉完，我就气不打一处来，气势汹汹地到教室把那个打人的学生叫到办公室，狠狠训了一顿。结果虽然一时镇住了强势学生的气焰，可这个学生总是在以后的日子里跟我作对，不是犯这事就是犯那事，不让我省心。粗暴惩戒的办法施用了，可作用总是不大。期中考试后，他成绩很糟糕。我找来这个学生与他谈心，从他第一次打架的事说起，我历数他违反纪律的种种表现，让他说说为什么不改掉这些坏毛病，为什么不向好的方面进步呢。他只是抬眼望望我，嘴角蠕动似有话说，但又很快低下了头一言不发。

"你想说啥？怎么又把头低下去了？"

他抬头又瞥了我一眼，他的眼神告诉我他有顾虑，不敢说。

"你有啥就说，我不发脾气，今天找你来就是和你好好谈谈心，不要怕，有啥说啥。"

我耐心引导，他终于说话了：

"老师，你偏心。"他抬起眼望了我一眼，显然是想看我脸色，再决定是否继续说下去。

我微笑着，用鼓励的眼神："说呀，不要怕，放心说。"

在我再三的鼓励下，他说出了他打架的原因，不仅仅是他的过错，说我不了解其中的缘由就打他，他心里不服，所以他认为我偏心。经我与其他学生座谈了解后，确实有许多误解他的地方。我当即向他道歉，并鼓励他以后遇到和同学有矛盾时及时找我，我会为他调解的，不要动不动就动手打人。他后来改变很快，班上有不良状况时他也及时来向我汇报。他进步了，期末考试成绩有了大的进步，新的一学期，我在全班同学选举班干部时提议他当副班长，同学们一致通过，他的学习成绩也突飞猛进，考到全班第五名。

后来我处理学生之间的矛盾时，改变了粗暴处理的做法，多耐心了解，多角度理解，多换位思考，多用心关爱，多宽容沟通。当班主任二十三年，我一直这样做。我想，学生虽然调皮，但只要我们老师多一点耐心、爱心，多一分理解、宽容，学会从孩子的角度出发，学会尊重学生，多与他们沟通，与他们做朋友，别总是一副高高在上的样子，学生犯了一点小错误，事情没弄清就一顿斥责，他连个申辩的机会都没有，这样学生肯定会认为这个老师不讲理，也不了解学生，他怎么会服你呢？

面对学生犯错误，我一般先找学生了解情况，与他讲道理，让他认识到自己的错误，再警告以后不要再犯。我也会给犯错误的学生机会，因为他毕竟是孩子而不是圣人，我们不能因为他们犯了一点错误就认为他们本质是坏的，从而对他们进行人身攻击，说些伤人自尊的话，这是万万不可取的！

面对调皮的学生，我们更应该多一些耐心，对他们多一点关心，多给他们一些鼓励，而不是选择放弃。只要我们真心付出，一定会有收获。其实这些学生也都是很有思想、有个性的，只要你真心对待他们，他们也会被你感动。教书多年，我一直是这样对待我的学生，与他们也相处得很愉快！不妨大家也试试。

用爱心架起沟通的桥梁

■ 王建成

  时光荏苒，似白驹过隙一般，可它迈着匆匆的脚步永不停息地向前走着，它企图以时间的距离让人们淡忘一些往事。它永远都不会明白，有些往事已经被人们用感情的方式保存在自己的记忆深处，又让人怎么能够忘却呢？

——题记

  十年前，正值花样年华的我踏上讲台，变成一个与孩子一起玩耍、一起学习、一起生活的小学教师，我被分配到了全县最边远的小学——红沙河小学。课堂上我带领孩子唱歌、识字、做题，遨游在知识的海洋；下课后，我与孩子一起跳绳、打篮球，日子过得虽有些苦，但却是充实而又快乐的。在那里我度过了三年的时光，我深深地感受到孩子们对知识的渴望是多么的强烈，我必须对孩子负责，不能误人子弟。毕业时，孩子们眼含热泪地说："老师，谢谢你，陪伴我们走过了一段美好的时光，我们将永远铭记在心。"到后来，我成了一名中学教师，新的岗位让我感觉到工作的担子更加沉重。同时，新的岗位也为我的教学工作翻开了新的一页，也为更好地展现自我提供了一个更为宽广的舞台。

  然而，世事没有一帆风顺的，教育道路上更是有着很多的坎坷。世上没有两片完全相同的树叶，我们面对的学生也有着千差万别，但是我坚信只要多给学生一份关爱，多播撒一缕阳光就会在学生心中荡起阵阵涟漪。在我担任原高台二中七（1）班班主任时，班上有一名学生叫小波。他上课经常讲话，小动作很多，平时作业也不认真，有时还不按时完成，甚至还有一些恶习——欺负小同学，班里的同学都怕他。各任课教师一提到他，都会火冒三丈，非常生气。细心观察之后，我发现小波的组织能力特别强，就大胆任命他来当"纪律班长"，并且经常暗中鼓励他、帮助他，不断发现他的优点，并给予表扬。渐渐的，小波变了，他工作积极主动了，热心帮助同学了，后来他的学习成绩也逐渐提高了。在实践中我发现，老师的爱对学生来说是一种信任、一种尊重、一种鞭策、一种激情，更是一种能触及灵魂、动人心魄的教育过程。因此，我也学会了用爱心架起沟通的桥梁。

在教学过程中，学生们也乐于听我上课，我也形成了自己的教学风格。在当年的全县教学大比武中，我荣获了语文学科一等奖。这种激励还在继续，2014年全市优质课评选，我又荣获语文学科二等奖。

爱的力量是无限的，用爱心架起与学生沟通的桥梁，这让我的教育过程更加省心。

坚守三尺讲台　用爱书写师德

■ 王学广

我深深地爱着教师这个职业，我也深深地爱着那些可爱的学生们。每当我走进教室，看着台下几十双求知若渴的眼睛，便感觉到自己的责任重大。还记得十几年前自己第一次站在三尺讲台上的那一幕：面对几十个天真无邪的孩子，我紧张得手足无措、语无伦次，课程过半，我已经攥了一手心汗。这就是我教师生涯的第一节课，也是让我终生难忘的一节课，因为从那一刻开始，我初步感受到了讲台的神圣。

初登讲台，因为自己的学科知识掌握不够牢固，知识面狭窄，业务水平不够扎实，好几次出现过这样或那样的问题，甚至出过洋相，让学生对自己有过怀疑，有过议论。虽然课前做了细致的准备，连课堂上要说的每一句话都备写在了教案上，但是，课堂上由于基本功不扎实，我常常是顾了知识讲授，而忘了学生。初为人师的无奈和尴尬，使我看出了自己与一名合格教师之间的距离。所以，我抽空就阅读教育理论、教育学方面的书籍，同时参加自学考试，努力提高自己的学历和专业水平，经过自己的努力，我于2004年6月顺利取得自考本科学历。课余除了认真备好课、上好课、批阅好作业、做好课外辅导外，我还经常虚心向老教师和其他有经验的同行请教，这让我获益匪浅。

作为一名从事教学工作的年轻教师，我时刻用高标准严格要求自己，领导分配的工作会一丝不苟地完成。也正是自己的勤奋、敬业，得到了校领导的信任，工作第二年我便开始担任毕业班教学工作，至今从未间断。

孔子教诲我们：仁者爱人。冰心也说过："有了爱，便有了一切，有了爱，才有教育的先机。"从这些话语中，我领悟到：教育其实就是一种爱的艺术，就是一种宽容、一份鼓励、一句提醒，老师的教育就像绵绵春雨，"随风潜入夜，润物细无声"，哪怕是一个鼓励的眼神，一句亲切的话语，都会让学生备受鼓舞，获得无穷的信心。虽然从教仅仅十几年，但我用行动兑现着自己对教育的爱的承诺。记得前几年，有一名学生，他在八年级时，成绩中等，但厌学情绪非常严重，经常完不成作业，还逃课，对老师的批评也总表现出一副满不在乎的样子，甚至出言顶撞，不管是说教还是严厉的批评都无济于事。这名学生甚至跟社会上的闲散小青年混在一起参与打架、偷窃，属于典型的"问题学生"，在乡派处所都落过案。升入九年级，我接手该班后，就经常找他谈心，问他的过去，问他的心事，还和各任课教师交流他的基本情况，谈论该生的教育方式。功夫不负有心人，一学期下来，该学生成绩已提高至中上水平，纪律方面基本上没有犯过错。第二学期的分流，家长也顺从了他的意愿，他顺利进入职中学习。

　　一转眼，我走上教师岗位已经十四年了，在这些年中，头两年任教于原新沟初中，随着全县教育资源的整合，2003年任教于原二中，十二年的教学生涯都在山区。期间微笑过、痛苦过、彷徨过，不断地尝试，不断地失败，又不断地总结分析，我终于明白：既然选择了这个职业，就不能放手，只能风雨兼程；我也找到了教师工作中最重要的东西，那就是一颗爱职业、爱学生的心。几年来，我一直把胡锦涛同志对全国教师的寄语"静下心来教书，潜下心来育人"作为自己的座右铭。一切因爱而生，一切从爱出发。我时时刻刻提醒自己，我既有责任和义务教他们知识，更有责任和义务教他们做一个道德高尚、品行端正的人。于是，当学生犯错的时候，我会关切地问他们原因；当学生失落时，我会鼓励他们；当学生遇到困难时，我会热情地帮助他们。爱是世上最伟大的语言，是激发潜能的最好动力。课堂上，我把爱镶在举手投足间，嵌在一颦一笑中，给他们一张微笑的脸，让他们时刻感受到信任与鼓舞。记得有一位学生曾这样告诉我："我喜欢看老师对我笑。我可以感受到温暖与信任，也感受到自己在不断进步。"很质朴的话，却又让我感动。多年的带班经历让我遇到过形形色色的学生：有身患癫痫病、自闭症、先天性心脏病、脑瘫、小儿麻痹症等病症的"特异体质"学生，也有打架、偷窃、逃学等"问题学生"，但我始终试着站在学生的角度来考虑问题，用一颗爱生如子的心面对和学生在一起的每一天。对于"特异体质"学生，要未雨绸缪，事前教育学生，告知全体学生不能有心理上的歧视，要尊重其人格，作为班主任更是这一类学生心灵成长的关怀者，要培养其健康的心理；对于"问题学生"，应多听听他们的心声，应当相信每一个学生都能成功，平等对待每一个学生，发现他们的闪光点，让每一个学生都能品尝到成功的喜悦。

有人曾经说过：世界上最危险的职业有两个，一个是教师，一个是医生。从某种程度上说，教师比医生还危险，因为庸医害的是一个人，而庸师害的是一群人，毁的是孩子的精神和心灵。教师是真正推动社会进步的巨匠，因此，我感到自己肩上的担子很重。我努力用自己的知识、智慧、情感和最旺盛的精力，为学生默默地奉献着。很多时候，我会为班级的整体成绩落后而苦恼，因为总有部分学生成绩太差拖累班级整体成绩。对于成绩差的学生，我不能不闻不问，更不能讽刺、挖苦他们。静下心来想一想，人的十个手指头都有长有短，同样，在一个班级中，不可能所有学生处在同一起跑线上，在学习上总会有优、中、差的区别。俗话说"手心手背都是肉"，因此，我的眼光不能只盯住成绩好的学生，还要花更多时间和精力在学困生身上，因为从某种意义上讲，他们属于"弱势群体"，我要用爱心融化坚冰，善待每一位学困生。学困生并非处处都差、时时都差，他们也有自己的长处和优点，比如，学困生在思想上也有进取精神，在学习上也有渴望新知识的意念，等等；从发展的观点看，学困生并非永远是学困生，学困生也有可塑性。因此，作为教师，我在上好自己课的同时，还要时刻思考如何关心学困生、尊重学困生，力求在师生之间产生"情感共振"，形成融洽、和谐的师生关系。"亲其师、信其道"的效应必将使学困生在学习过程中有良好的心境、愉悦的情绪来激发积极的认识和意志活动。要像爱护自己的子女那样无微不至地关心他们，和他们交朋友，鼓励他们大胆发问，哪怕他们的问题提得再幼稚再无知，我也要不厌其烦地给予解答、从内心深处注意发现他们的可爱之处，帮助他们解决困难，及时地发现他们的进步并给予表扬和鼓励，使他们找回自尊、树立信心。对屡教不改的学生，也不能采用简单的指责、当面呵斥、讽刺挖苦等手段，以免打击他们的自尊心，造成师生对立，让结果事与愿违。让学困生由心底里真实地感受到老师并没有偏见，而是在不断地给自己以关爱，自己只有力求上进才能不枉老师的期待。

从教时间长了、班主任工作做长了，难免会疲劳、会沮丧、会困惑、会失望。我去年（2015年）暑期去浙江大学参加培训，浙江省义乌中学退休教师吴家澍提出，教师从合格到优秀、从优秀走向卓越要有三项修炼：愿景修炼——不断追求卓越，做一名行者；学术修炼——提升学术修养，做一名学者；心智修炼——转变思维方式，做一名智者。他激励我们，每天多做一点点就是成功的开始，每天创新一点点就是领先的开始，每天进步一点点就是卓越的开始，只要朝着优秀教师的目标不断前进，相信我们就一定会成功。至今吴老师的谆谆教诲仍然萦绕在耳畔，我会将其作为我奋斗的目标和前进的动力。

用爱滋养　用情温暖

■ 郑志亮

寒暑易节，岁月如歌！从教十四年，做了十一年的班主任，我虽然付出了数不清的心血和汗水，但我收获的是那么多学生的展翅高翔，收获的是我们彼此心中无尽的惦念和牵挂，是经岁月流逝而在心底越来越醇的师生之情。与学生们在一起的点点滴滴铺就了我的又一条生命旅程，那就是充满爱的心灵之旅！

2015年冬天流感肆虐的那段时间，感冒发烧的学生特别多。可是我班的杨某家在农村，家长无法来接孩子回家看病。听到家长不能来校的消息，学生的眼泪一下子就流了下来，都说男儿有泪不轻弹，但是对于长时间远离父母的孩子来说，这个时候多么希望有父母陪在身边啊。家长来不了，学生的病不能耽误，我就对他说："老师陪你去医院。"于是我就带他去看病。我一直陪他输完液，再送回宿舍休息。后来家长感激地说："郑老师，辛苦你了，把孩子交给你，我们做家长的放心。"

一次次课上的激烈讨论，一次次课下的促膝长谈，我完全融入了学生的生活，走进了学生的心里。我们彼此用深深的爱凝聚了这个47人的集体。我们的班级是团结的集体，是有着拼搏精神的集体，我们在这一年的严寒酷暑中摸爬滚打，为一次次比赛的胜利而欢呼雀跃，为一次次成绩的提高而欢欣鼓舞，为班级的量化丢了0.1分而伤心落泪。正是学生对我的这份爱的重负，让我更加爱我的学生，爱我的事业。

"起始于辛劳，收结于平淡"，有人说这是教师工作的写照，但我认为，学生毕业走了，留在我们彼此心里的是一生都回味不尽的师生情谊，这种情这种爱会滋养我们每个人的一生。

做人梯——用我们的坚韧，让学生踩着我们的肩膀奔向新的征程；化春蚕——用我们的才能，让知识的绸缎从我们身上延伸；当蜡烛——用我们的忠诚，燃烧自己给人间带来光明。

用爱换取信任

■ 屈 娴

踏上教育之路已好几年了,在这几年当中不能说我的经验积累了很多,相对于其他老教师来说,还有很多值得我去学习。从事教育这一个行业并不像我当初想象的那么简单,以前我总以为教书很轻松,只要有知识就足够了,就可以将学生教好,现在才发现原来只有知识是不够的,因为在一节课当中你不能只是把知识灌输给学生,他们学习的也不只是知识,还有很多其他的东西要学,比如习惯的养成、能力的培养等。而且一堂课当中,纪律好坏直接影响了一节课的质量,学习要在一个宽松安静的环境下才能有良好的效果,所以一个教师要掌握的不仅仅是知识,还有管理的艺术。教育是智慧与爱并存的行业,为了能成为一名好的人民教师,我会努力使自己的教育理论知识丰富起来,在学习中进步,在进步中提高,使我的学生能快乐地学习成长。

苏霍姆林斯基曾说过:"一个好教师意味着什么?首先意味着他热爱孩子,感到跟孩子交流是一种乐趣,相信每个孩子都能成为一个好人,善于跟他们交朋友,关心孩子的快乐和悲伤,了解学生的心灵,时刻都不忘记自己也曾是个孩子。"大爱无痕,润物细无声,教育无处不在,老师的一个微笑,一个和蔼的眼神,一个爱抚的动作,一句关心的话语,都会给学生带来欢乐、带来智慧。我为学生、为事业,不懈地努力着。

我相信这样一句话:给孩子一个微笑,他会给你一个明媚的春天。这句话时刻提醒我,要爱学生,因为只有在爱的雨露下成长起来的孩子才是健康的。

一年前,我担任了五年级的数学老师,有个学生是这个群体中最突出的一个，第一次接触，他就给我留下了这样的印象：聪明、脑子活、反应快。随着时间的推移，我发现，他虽然上课发言积极，思维敏捷，但他的行为习惯常令我担忧：争强好胜，对自己过分自信，常惹是生非。当与同学发生口角时，他总是据理力争，从不肯吃亏，宽容在他的眼中是懦弱的表现；有时，他违反了规定，我找他谈话，他总是满脸不服气，显得有点"不听话"。因此，当他出现在我眼前的时候，我总是静静地观察他的一言一行，看到他那天真无邪充满稚气的脸，我想起了一句话："热爱学生是老师的天职，是做好教育工作的基础。"我暗暗下决心，用自己的爱去感染他，使他健康地成长。

有一天我亲切地询问他："为什么总不接受老师对你的批评，总爱跟我对着干呢？""你为什么总是指责我呢？"他还是以他一贯的强硬作风回答我。听了他的话，我回忆起以前对他的态度，一下子感到，我平时对他的指责太多，或许已伤了他的自尊心。教育家爱默生曾说过："教育成功的秘密在于尊重学生。"的确，我以往对他的教育方法也欠妥。我沉默了一下，对他说："老师以前对你的态度有时是不好，只看到你的不足，常常着大家的面批评你，老师向你道歉。"听了我的话，他脸涨得通红，有点激动地说："至少我不是个坏孩子。"

"那好，我们就来个君子协定，我们互相尊重，你有事我不在同学面前说，咱们私下解决，可你也要做到在同学面前不顶撞我。"

他一声不吭，但我依然可以从他的眼中看到"不信任"三个字。真是个个性极强的孩子。

回家的路上，我在想：师生关系是亲密的。老师的举手投足、音容笑貌，以及情韵气度，都应体现出对学生的尊重和信赖。只有做到态度和蔼、语言亲切、神态热情，才能做学生的良师益友，学生才能亲其师，信其道，而学其理。我让他担任数学课代表，他非常热爱自己的工作，上课发言积极，有一定的口头表达能力，于是每堂课我都不忘让他发言，并给予鼓励。当他得到了他十分渴望的小红旗时，我看到他满脸笑容，十分自豪的样子，我也感到欣慰了。平时，我爱帮他整整衣服，理理书包，问寒问暖，谈谈家常，交流想法。一个月过去了，我发现他做事更认真了，想跟我说说话。看到他的点滴进步，我由衷地感到高兴……

在那一事件中，进步的不仅仅是学生，我想获得更大教育的是我。也是从那天起，我与学生之间建立起了深厚的情谊与信任。

虽然在教育之路上会遇到很多意想不到的事，不管这条路有多难，我还是坚信有爱有智慧，彩虹会在风雨后。

正如陶行知先生所说："不要你的金，不要你的银，只要你的心。"当我满怀爱心去对待学生时，我已在爱中获得了爱，那爱甜甜的，沁人心脾，回味无穷。

感悟爱的力量

■ 刘鸿军

"爱"是人世间最美好的字眼。父母之爱是血脉相连的亲情，友爱是肝胆相照的友情，而老师对学生的爱，也许正介于两者之间，亦亲情，亦友情，让人牵肠挂肚，割舍不断。当了班主任之后，这种爱让我感觉更浓更烈。

进入新二中后，我接到了之前不曾干过的工作——班主任。我担任的是六（1）班班主任兼数学教学工作，由于带的是毕业班，加上自己工作经验不丰富，在很长一段时间里我都很紧张。为了管理好班级，我从了解学生、熟悉学生入手，认认真真地开展着自己的工作。很快我便发现本班学生在学习和行为习惯方面都存在很大的问题，学生两极分化严重而且学困生比例非常大，一些学困生不学习、不认真听讲、不遵守校纪校规、欺负小同学，对老师的说教不管不顾、我行我素。尤其是一个叫涛的同学，表现得尤为突出。我使尽了浑身解数，但收效甚微。这对我这个刚当班主任的"菜鸟"来说打击很大，我有时候甚至想暴打他一顿，以解我心头的不快，有时候也想对他放任自流，可是放弃了不就一点希望也没有了吗？于是我冷静下来细心思考，决定换个方式解决这个问题。我先和他之前的老师交流，从而得知，他从上四年级的时候开始打架、欺负小同学、逃学，听到这些我震惊了，我很难将打架、逃学等字眼跟一个小学生联系起来。然后通过与他的同学和家人的交流了解了他的具体情况，原来在他小时候，父母经常吵架，进而发展到拳脚相向。父母的争吵给他留下了很大的心理阴影。后来父母离异，他跟着父亲一起生活。父亲长期在外打工，把他托给奶奶照顾，母亲一次也没有看望过他，所以他觉得自己活在这个世界是多余的，就自暴自弃，对什么都无所谓。

了解了这些情况后，我多次与他的父亲沟通，让他了解孩子的表现并一起分析孩子出现问题的原因，建议他多和孩子沟通，多关心孩子。同时，通过各种渠道，与他的母亲取得了联系，向她说明了孩子的情况，并和她达成共识，由她每周给孩子打一个电话，每月来看一次孩子，让涛感受到亲人的关怀。上课时我用眼神表达着老师的期望与鼓励，实时给他一些力所能及的问题来回答，表扬他做的笔记和回答的问题，以此来增强他的自信心。

　　渐渐地，涛变得关心集体了，班级的事务能积极参加了，不认真听讲、不做作业、欺负同学的不良习惯改正了，上课提问时还会看见他高高举起的小手。看到这些变化，我由衷地为他感到高兴，虽然他的成绩依然不是那么理想，但我相信，以后的路上，涛会做得越来越好。

大爱无疆

■ 魏存梅

高尔基说过:"谁不爱孩子,孩子就不爱他,只有爱孩子的人,才能教育孩子。"在同龄人中,我没有靓丽的外表和时尚的服饰,但我是学生眼里最美的老师;我不想苍白空洞地说我为教育事业做了些什么,但我敢说,18年来我是一步一个脚印,以我的满腔热情无微不至地关爱我的学生。正是因为这份真诚的、真挚的、无私的、深沉的爱,我教的孩子才能快乐成长,我的教师生涯也充满阳光和快乐。

再多的辛苦劳累在孩子们纯真的笑容之下都会烟消云散、无影无踪。我喜欢这样一首小诗:"有一首歌最为动人/那就是师德/有一种人生最为美丽/那就是教师/有一种风景最为隽永/那就是师魂/不要说我们一无所有/我们拥有同一颗火热的太阳/我们拥有同一片广博的天空/在同一片天空下/我们用爱撒播着希望……"当初,我把它工工整整地抄在我日记本扉页上的时候,"用爱撒播希望,用真诚对待学生"便成了我无言的承诺。

当了十几年的教师,遇到过很多的"小刺头",在他们身上,发生过许多令我心酸也令我感动的故事。其中有一个故事给了我永远的鞭策和启迪。这是发生在我刚参加工作不久时的一个真实故事。常言道"棍棒出孝子,严师出高徒",我当时认为,我必须严厉点,要镇住他们,于是就想用严厉的面孔、严厉的批评、严厉的惩罚来使学生折服。当时我所带的班里有一个出了名的"捣蛋大王"叫小斌。他学习成绩差,经常没事找事欺负同学、搞恶作剧,全班同学都惧怕他。他犯了错误谁也不敢告状,怕挨打,他做坏事时还有同学为他站岗放哨,同学们暗地里给他起了个了不起的绰号"陈捣蛋"。在一次课间,我刚走进教室,就发现他往班里一位小同学嘴里塞烟头，我火冒三丈，不由分说将他揪到办公室，对他一顿狠狠地训斥。没想到，他不但不服气，还理直气壮地顶撞我。感到颜面尽失又忍无可忍的我打了他一个大耳光。谁知他居然骂骂咧咧地冲出了办公室。当时我被气哭了，感到自己受了莫大的委屈和耻辱。

这件事之后，我对他冷若冰霜。而他上课再也不听我讲课，经常变着花样给我捣乱，导致我在上课时总是发脾气，而对于我的大发雷霆，他根本就无动于衷，一副满不在乎的样子。下课后，他更加变本加厉地欺负同学。他每天都给我繁忙的班级管理和教学工作带来更多更大的麻烦。当时，我对这个孩子既恨之入骨，又无计可施。

可后来的故事却改变了他，更警醒了我。那次，我打开抽屉拿作业本，发现抽屉里有一张字条，上面写道："老师，你一定非常讨厌我、恨我吧，但我不讨厌你，因为我知道你恨我这块铁不能成钢，可我讨厌你对我毫不留情的训斥，讨厌你给我的大耳光。"课下，我把这张字条读了很多遍，内心深处有一种说不出的滋味，更有一种难以名状的感觉。一张字条惊醒了总想给学生"下马威"的我，该是我好好反省的时候了。我决定找小斌同学好好地谈一谈。

那天晚上放学，我主动找到他说："陈斌咱们一起走吧。"

我和他家都在山上住。在路上我和这个我一直讨厌的学生进行了一次和颜悦色的谈话，这是我第一次非常亲切地和他说话。在谈话中，我首先向他道歉，不该用粗暴的话语伤害他，更不该动手打他。对着我改变的新面孔，他有些不自在，又好像有点受宠若惊，一改往日那副蛮横的样子，向我承认了自己的错误，说自己捣乱、欺负同学都是故意的，原因就是对我不满，想对我报复。他很真诚地表示以后不会这样了。还十分诚恳地对我说："老师，我喜欢今天的你，相信我也会喜欢以后的你。"最后还问到："老师，我给你惹了那么多麻烦，你还会喜欢我吗？"我当时毫不犹豫地回答："我会，我会把你看成我最好的朋友。"

这件事已过去十多年了，但十多年来，这件事一直珍藏在我心底。这张给了我教育的纸条我也一直珍藏着，以后的工作中它时刻鞭策着我，时时提醒我，最可恶的孩子也有他最可爱的一面，每个孩子都是鲜活、灵动的个体，有着各自独特的性格。只有理解了这一点，才能去尊重和热爱自己的学生，用自己的和颜悦色，用亲切的目光，用慈爱的双手给每一个学生以自尊、自信、关爱和鼓励，只有这样，学生才会"亲其师，信其道"，学生才能成为自己所期望的人。同时，更让我明白了，作为一名教师，必须热爱自己的学生，尊重自己的学生，理解自己的学生，只有这样，教师才会变得眼明心亮，才会成为学生喜欢的好老师。那年毕业复习时，写过一篇作文，题目是"我的老师"，孩子们在作文中写道："我的老师爱说爱笑的，整天笑眯眯的，好像没有愁事儿，可是她鬓角上的白发告诉了我们她为我们操碎了心……"有的孩子写道："她是一个刀子嘴豆腐心的人，既像我们的朋友又像我们的妈妈……"

来到新二中，我承担了两个班的数学教学工作，其中三班的学生两极分化比较严重，有几个学生的学习让我感到很棘手，他们总是跟不上讲课。每次考试，他们的成绩有的十几分，有的二十几分，虽如此，我对他们也没有放弃。因为我知道，放弃了一个学生对一个教师来说，不过是放弃了百分之几或百分之十几的希望，而对于一个家庭来说，放弃的却是百分之百的希望啊。我始终坚信一句话，"只要功夫深，铁杵磨成针"。我利用自己的休息时间为这几个学生补课。早晨，我总是第一个走进教室；放学了，我也留下来给他们补课；双休日，我主动到家里去家访。功夫不负有心人，经过一段时间的努力，这几名学生的成绩都有了不同程度的进步。王佳丽同学由原来的后进生变成了优等生。我想，作为一名教师，爱学生是必备的修养，没有爱便没有教育，要以赤诚的爱心对待这些孩子们。现在我更加深深体会到，老师的一次抚摸、一句夸奖、一次关心都会成为温暖学生心灵的良药。

十八载苗圃耕作，让我顿悟：拥有，我承担着责任；奉献，我体验着喜悦；创造，我感悟着生命；育人，我享受着幸福！

桃李芳菲慰平生

■ 张玉凤

从小我就想当一名老师,后来如愿以偿,上了师范院校。从1992年参加工作到现在,转眼已有24个春秋了。回首过去,虽几经曲折,但我从未动摇过对事业的那份执着。24年来,我一步一个脚印,用粉笔和圆规在黑板上描绘着自己青春的轨迹,用真诚与爱心谱写着动人的乐章。

农村工作21年,我始终担任班主任工作。我所带的班,绝大多数是我从别人手上接管的,管理难度较大。在班级管理中,我注重培养学生的自我教育与管理能力。我从整顿班风入手,注重培养好学生的学习自主性,注重培养班干部,注重良好班风与学风的建设。

在班主任工作中,我以为学生创设优良的学习生活环境为重心,想学生之所想,急学生之所急,尽全力解决学生遇到的各类难题。学生生活上出现困难,我倾心相助;学生思想上陷入困境,我耐心引导;学生心理上有了不快,我悉心劝解。每带一个班级,我不仅能很快赢得学生的尊重和信任,而且能和同学们建立和谐的师生关系。在我的班里,学生有了困难第一个想到是张老师,心里有了困惑第一个倾听者也是张老师。师爱是春天的甘霖,我把这甘霖洒遍了教室的每一个角落,洒向了每一个学生的心田。对那些所谓的后进生,我从不带有色眼镜去看他们。相反,我觉得这一部分学生比其他学生更需要用爱的雨露去滋润,更需要用爱的阳光去温暖。为了不让一个学生掉队,我对后进生倍加关爱。课堂上,我经常把基础差的学生排在最前排,把上课不专心听讲的学生叫到前面听课,给他们创造机会,帮助他们树立信心;课后,我挤出时间给后进生辅导,并在同学之间成立帮教小组使其进步。正因为如此,我班上的"小尾巴"也总是要比平行班的少些。

对那些淘气的学生，我则倾注了更多的爱心。2012级九（2）班学生小鹏长期迷恋上网，而且还染上了抽烟喝酒等恶习，经常逃学，学习成绩直线下降，家长非常着急。刚刚接任该班班主任的我了解这一情况后，立即找到其家长。通过一番交谈，我得知小鹏同学迷恋网游的行为深深地伤了家长的心，家长深感自己的儿子升学无望，有让孩子退学的念头。我语重心长地劝导其家长："你们的孩子思维十分敏捷，基础还好，现在关键是要解决她的思想认识问题，让她真正懂得学习的重要性，端正学习态度，重新扬起理想的风帆。只要这个问题解决了，其他问题均可迎刃而解。如果你们现在让她退学，那么将彻底毁了孩子的前途，你们将后悔一辈子。"一番真挚的话语深深地打动了小鹏的家长。他们当即表示："说句心里话，我们虽然同许多老师有过交往，但是还从来没有见过像您这么负责的老师。我们也深知您是真心实意为了我们的孩子，为了我们这个家。这一回我们认可了你，我们听你的！"他们最终放弃了当初的想法。精诚所至，金石为开，2012年8月，小鹏以优异的成绩考入高台一中。

教育的艺术就是爱的艺术，没有爱，就没有教育。对那些特困生，我更是关爱有加。2011级九（3）班学生张某，学费拖了好长时间都没有交清。他平时老穿着一套褪色的迷彩服，早晨别的同学都到外面去吃饭了，他却一个人坐在教室里，一边看书，一边啃馒头。我没有放过这个细节，通过找同学了解，才知道他母亲早逝，父亲长年患病，家中还有一对双胞胎弟弟正读六年级。贫困的家庭条件让兄弟三人时时都有辍学的危险。于是我一方面找他谈心，一方面发动全班学生为他捐款，并积极向学校争取学杂费减免，使这位同学顺利完成了初中的学业。后来张某在写给我的一封信中说："由于家庭的缘故，您对我关爱有加。在饱尝辛酸痛苦中，是您向我伸出了援助之手；当我在学习上遇到困难时，您投来了慈爱与鼓励的目光；在生活上您无微不至地关怀我，使过早失去母爱的我又被另一种无法言语的关爱包围着，感谢您，张妈妈！"时至今日，张某还时常不忘给我写信、打电话。

此外，对于一些棘手的问题，我的处理方式也与众不同。"早恋"是一个敏感的问题。2013级学生中，有两个学生关系过于密切，甚至在上课时写"情书"，以致两人的学习成绩都直线下滑。对此，我也曾暗暗地恼火，但我更深深地明白，花季年华的孩子充满了对似懂非懂的爱的好奇，他们的情感世界还处于朦胧之中，因此，我没有选择简单的批评教育。在一个周末，我将那两名上课写情书的同学请到了家中，让他们看我自己的相册，跟他们谈我自己年少时的偶像，聊喜欢的课外书籍。一番促膝长谈使得这两位同学将心中所想毫无顾忌地讲出，并最终接受了我的建议——保持一份珍贵的友谊。面对我的这份理解，那位女同学深情地说："人们都说现在的孩子得到的爱太多，可是我却清楚，虽有父母亲人无微不至的爱，可我们还渴望得到一种被理解的爱。今天是您给了我这个渴望理解的学生这样的爱。老师，你是一个可敬的朋友，衷心地感谢你为我指点迷津。请相信我，我一定会从幼稚走向成熟。"

关心爱护学生是教育学生的基本前提，是教师的美德。毕业后的师生相聚，同学们常常言及此事。一位学生在给我的信中写道："虽然初中毕业已有三个年头了，但始终难忘您真心无悔的付出，也许您不是我遇到的最后一个，但确实是有生以来我所遇见的第一个如此全心投入、不记任何回报的老师，您对教育事业的那份执着让我深深为之钦佩与尊敬，您的热忱已融入我们的血液中，我们从您的身上懂得了'教师'这两个字的分量。"

24年来，我心系学校，情牵学生，爱岗敬业，执着追求，用自己扎实的教学实践、优异的教学业绩来一步步地接近自己当初立下的奋斗目标。耕耘教坛不言悔，桃李芳菲慰平生，我工作着，我快乐着。我用自己的脚步丈量着人生这条广阔无际的道路，只要我孜孜求索的脚步不停歇，我脚下的路就会不断向前延伸。

突如其来的幸福

■ 齐春梅

早上，第二节英语课，和往常一样，我怀着迫不及待的心情走进八年级（1）班的教室（给他们上课总是很期待）。刚进教室，全班都安静下来，笑眯眯地看着我，突然班长一声"Stand up！"全班起立，"Happy birthday to you..."，我心里纳闷，这是哪出啊？当他们唱到第二遍时，小君把一个小盒子送到我面前笑着说："老师，生日快乐！"我才恍然大悟，孩子们把我的生日当成了今天——七月一日（我一般都过农历）。霎时，我被一股强大的幸福流包围了，傻傻地立在哪儿，不知道说什么，看着孩子们深情的笑容，我只能说："Thank you！I love you！"

接下来的一节课可想而知我的心情有多好，生日祝福收到过不少，可今天真的有些特别。下课了，我回到办公室，打开盒子，呈现在眼前的是一张精致的卡片，上面写着"我们爱你！"下面是同学们的一封信，我按捺住激动的心情，细细地品味，读着他们发自内心的话语，每一个孩子的脸孔就浮现在眼前，没有华丽的辞藻，只有真挚的感情，看到那一声声"妈妈"，我哭了，我被他们感动着，两年多来的点点滴滴，历历在目。我虽然不是他们的班主任，可总觉得和他们是那么亲近，想想平时对他们有时候的严格和苛求，虽然为他们好，可他们会理解吗？看着眼前的一封封信，我明白了，只要我是真心地爱孩子们，他们一定会懂！我谢谢孩子们，而且一定要当面表达这份心情！记得前段时间，我的网络空间被一个曾分流的学生恶语中伤，我的笔记本不翼而飞，都让我对学生产生了恐惧，我不知道我真心的付出，等待我的接下来的将是什么。我没有了安全感，今天当我面对这一群孩子时，我又看到了阳光，爱的阳光！谢谢孩子们！我爱你们！

爱的进行时

■ 陈彩芸

陶行知先生曾说:"爱是一种伟大的力量,没有爱就没有教育,教育的最有效手段就是'爱的教育'。"所以,作为一名平凡的教育工作者,要懂得,教育是爱的事业。教育学生,首先要爱学生,尤其是对问题学生。

2013年春学期,我接手了一个从各校刚分流过来的一批学生,这也是我第一次当班主任,什么事情都是边学边做,边问边做,何况还是遇到一个班的后进生,好在我带的是全女生班——13级护理3班。当我还在庆幸女生应该比较听话、比较好管理的时候,有位老教师告诉我,女生是非多,女生有时更不好管理。我顿时感觉压力倍增。果不其然,没过半个月,班里的各种问题都显露出来了,谁和谁吵架了,谁说了谁的坏话,谁不和谁一伙了,谁和谁抢男朋友了……这些事虽然都是些鸡毛蒜皮的小事,可它会影响一个班的团结和风气。我只能硬着头皮一件件协调。通过我对每个学生情况的深入了解和掌握,我发现,班里的学生都或多或少地存在家庭问题,有离婚家庭,有单亲家庭,有的是留守儿童,有的还是孤儿,有的是父母疏于管教,这也是导致他们初中阶段学习下滑甚至不好好学习的根本原因。同时,我也发现,这些学生其实比正常家庭的孩子更懂事、心智更成熟,但是也不免心理偏激,自暴自弃。归根结底,这些学生都缺少"爱"。我庆幸,我是和她们一样的性别,我能和她们比较顺畅地沟通,可以畅所欲言,我经常抽空借检查宿舍卫生之便,和学生在她们熟悉的环境中聊天、谈心。之后,我又通过和学生一起制定班规、布置教室、组织主题班会、参加学校的各项活动等,让每一个人都参与进来,让每个人都认识到自己的重要性,时刻关心、爱护她们,平等对待每一个人。班级逐渐步入正轨,我班在学校的各项活动、评比始终靠前。最后，在学期末考核的时候班级全校排名第三，效果相当明显。

　　但是，班里也不免存在个别问题学生。有一个女生名叫惠，这个女生起初给我的第一印象并不好，非主流的发型，黑框眼镜，动不动就和班里的女生分庭抗衡，搞派别，还有动手打人的毛病。但是，她特别爱表现，很懂事。我经过与她谈心，和她爸爸沟通，才了解到，她之所以转变，多是由于妈妈的过世，而且她亲眼看到妈妈被大卡车撞飞了。之后，虽然她妈妈侥幸存活了一年，可最终还是撒手人寰。和我聊天时，她从头哭到尾，跟我诉说她妈妈的好，说她妈妈在弥留之际仍流着眼泪喊她的名字，当时我也哭了，我心疼这个女生，亲眼目睹母亲的车祸和离世，对于一个孩子来说是多么残忍的事。她爸爸也心疼她，事事顺从她、迁就她，甚至纵容她，所以导致了她的性格发生转变。找到原因后，我经常开导她，帮助她学习。后来，我观察发现，她的衣服上经常有油渍，周末返校后校服也不太干净。我帮她洗了一次校服，她很感激我。之后，我让她担任了卫生委员，从那以后，她不但自己讲卫生了，而且班级的卫生负责得也不错，也没有再发生过打架事件。

　　这次经历，虽然只是我教育教学过程中的一个"小插曲"，但它给了我一些启发：要公平地对待所有学生，把每个学生都看作自己的孩子，爱学生，让每个孩子都能享受到教师的阳光雨露，让这份爱持续下去，进行下去……

责任如山　爱心无价

■ 许　芳

歌德说过："责任就是对自己要求去做的事情有一种爱。"责任源于内心的爱，有爱心必有责任感。

还记得我在农村初中工作的时候，新学年开学后，由于人事变动，学校安排我接替一名调走同事的八年级班主任工作。由于是参加工作后第一次带班，好多事都需要学习和尝试，我很紧张，压力也很大。但我始终认准，必须尽职尽责，引导学生健康成长，至少不能因为自己经验不足耽误了学生。因此，我始终把班上的那些孩子当作自己的弟弟妹妹一样，尽自己所能帮助他们克服学习和生活中的各种困难。

班上有一个女生，有严重的癫痫病，不时发作，而发病时的恐怖场面让许多人都不敢近前。由于我自己宿舍离学生宿舍近，所以每次与她同宿舍的学生都会在她发病后的第一时间来找我，而我每次都要马上驱逐走瞌睡虫，强忍住内心的恐惧，在学生们的帮助下，背上她送往一公里开外的乡镇卫生院。已经记不清有多少个深夜或者阴天下雨时，我背上她送往医院的情景，这种情况一直延续至这班学生毕业。后来，这位同学步入社会了，但还时常不忘向我表达感激之情。

这班学生九年级那年，有一个男生由于出车祸不幸受伤，随后父亲又因病去世，家中生活十分困难。作为一名教师，我在得知他的家庭变故后积极倡议，率先捐款。后来在学校支持下，我发起了全校师生献爱心活动，收到为他捐款八百多元。事后我自己又单独承担了这名同学以后的学习用品费用，这对他的家庭来说可谓雪中送炭。后来他考上了高中，虽然最终很可惜没走进高中大门，但至少在我的职责范围内没有让他因贫困流失。

当时，除了这个男生，班内还有五六个学生的家庭属于单亲或重组的，给班级管理工作带来很多难题。首先是这部分学生中有些性格乖戾、孤僻，甚至极端，在班级中与其他同学关系紧张。还有几个则在新家庭内频频发生矛盾。最让我头痛的便是他们的经济问题。有些学生确实家庭困难，还有的完全是因为新组成的家庭不支持其上学。这中间我一方面认真研究学生的心理特点，积极与家长沟通，排解学生与家庭的矛盾，另一方面与这部分学生积极交流，帮助他们缓解、宣泄心理负担和精神压力。此外，我积极发动本班师生帮助接济他们，想方设法申请学校减免费用，等等。那两年，我经常约上一两名班内任课教师，冒着严寒踏着泥泞，到想中途退学的学生家中进行说服教育，给他们讲解学知识、学文化的重要性，最终保证了在毕业之前班内同学"一个都没有少"。当时有人也说："一个女同志，何苦呢？"但我想：今天我们的疏懒，断送的可能会是他们的一生！

现在的学生思想比较复杂，特别是受社会影响比较大，因此抵制不良思想的侵袭，加强学生思想道德建设至关重要。当时我班内有一名学生，因父母对其期望值过高，加之性格内向有抑郁症，性格变得极端暴戾，而且经常和社会青年来往。得知这些情况后，我先是说服任课教师正视其行为暴戾的原因，然后又组织召开不同层次的学生会议，引导班级学生给予他更多的关心和帮助，而后邀请任课教师一起多次到其家中与其父母协商治疗方案，并主动承担了这名学生在学校的看护和指导。其后一年时间里，该生行为和情绪逐渐得到了矫正，并顺利毕业。其家人曾前后两次分别拿现金和礼品向我酬谢，均被我婉言谢绝。因为我认为扶这些孩子走上正路，身体上苦一点、累一点算不了什么，心里面是甜的。

一句名言说的好："疼爱自己的孩子是本能，而热爱别人的孩子是神圣！"教师对学生的爱是一种只讲付出不记回报的、无私的、广泛的且没有血缘关系的爱。这种爱是教育的感情基础，有了它，学生才会"亲其师，信其道"，也正是在这个过程中，教育才能发挥它真正的作用。温家宝同志曾经说过说："没有爱就没有教育。"我现在深信其中的道理。

春风化雨入心田

■ 蔺如军

2001年7月,我毕业于河西学院化生系,同年10月被分配到了我的母校——罗城初中,从那时起开始了我的教育生涯。

毕业后我一直担任班主任和化学课、数学课的教学任务。那是2009年的秋学期,学校给我安排了七年级一个班的班主任和数学课。当时的我,没有担任过低年级的班主任,更没有担任过数学课的教学,这让我突然感觉到了莫大的压力。怎么办?我在想是服从领导安排还是找领导说说。最终我选择了接受现实,当七年级的班主任并担任七年级的数学课教学老师。

七年级的学生,初来乍到,对任何事情都有着新奇感,在任何老师的课上都表现积极,唯恐自己在老师那儿没有留下什么好的印象。尤其在我这个既是班主任又是数学老师面前,同学们可以说表现是相当活跃的。也正因为如此,我也就很快地掌握了本班学生哪些上课爱思考问题,哪些在学习上很用功,哪些上课喜欢调皮等基本情况。其中有一个学生引起了我的注意。她叫婷,分班时,她的成绩在班上是中上等。对于一个上课不回答问题的学生,老师一般是不会去在意的,更何况一个成绩也不十分突出的学生。她就是这样一个学生,上课时很少回答问题。我估计,她在其他老师的心目中也是印象不深刻的。

然而在我批阅周记时,在周记中我才知道她是单亲家庭,而且家庭条件不是很好。她让我不得不去注意了。在周记中,她写了自己心中既矛盾又困惑的想法,又不希望别人去了解、去帮助。可她明明是写给我看的,于是我改变了对她的看法。

我试着慢慢接近她。上课间隙时,我问一问她是否能听懂,有时候我也把她叫到办公室问问她对一些问题的看法。起初,她也只是默不作声,偶尔笑一笑罢了。后来，她对我有了一些了解，于是，态度有了一些转变。她跟我说了她的家庭情况：父母离异，父亲又患有精神病，还有一个弟弟在上小学，家庭主要靠爷爷和奶奶支撑，而爷爷和奶奶岁数也大了，所以她感觉到了各种压力，直接影响了她的学习成绩。而且她还担心是否能完成初中的学业。久而久之，她就不再说话了，把自己封闭了起来。

听了她的情况，我心里确实也很难受。我心想，既然你是我的学生，我一定会帮你克服一切困难，一定要让你至少完成初中的学业。于是我试着对她说："我能成为你的朋友吗？"她犹豫了一会儿说："可以。""那以后如果你有什么心事能告诉我吗？"她说："能。"这时我松了一口气，第一次的谈话就这样结束了。第二天，我召开了班干部会议，针对婷的事，我又向班干部了解情况，也希望班干部能关注她的情况，能和她多接触，在学习和生活上能多给予一定的帮助。

过了几天，我又找到了她，了解了她最近的学习和生活情况。当我知道她最近已经愿意和别人交往，上课也能回答老师提出的问题时，我非常高兴。借此机会，我又给她讲了一些励志成才的小故事来激励她。从她的眼神中我能发现她确实受到了启发和鼓舞。就这样，我时常和她保持交流，同时，我也主动和她的爷爷保持联系，在把她学校的表现告诉她爷爷的同时，也更多地了解她的家庭情况。她的爷爷也提到了她能否完成初中学业的问题，最终在我的劝说下，她爷爷答应让她完成初中学业。经过一年的努力，她以优异的成绩完成了七年级的学业，顺利升入了八年级。

第二年，我的工作发生了变化，我又回到了九年级，不再担任她的班主任，但我们时常还保持着联系。我仍然经常找她谈心，了解她的学习和生活情况。一年的时间很快结束了，她也顺利进入了九年级。也许这是缘分，我又成了她的班主任，她又成了我的学生。在这一年里，我仍然像在七年级一样，经常询问她的学习和生活情况；遇到困惑和问题时，她也时常找我谈心。就这样，她的学习已经到了全班的前列。经过一年的努力，最终她以优异的成绩考入了高台一中。

她毕业后，我知道她继续了自己的学业，上了高台一中，继续努力实现自己的梦想。自进入高中后，也许是她的学习任务比较重，我们的联系少了。而且我知道她已经顺利完成了高中的学业。高中毕业后，不知道她最终的结果是什么，但我相信实现她心中梦想的愿望一直在继续，祝愿她的明天会更好！

补全残缺的爱

■ 郑长喜

> 学生是天使，老师就是为天使修补翅膀的人。
>
> ——题记

人们常说，教师是人类灵魂的工程师，是天底下最光辉的职业。就在这些光环的吸引之下，我懵懵懂懂地就走上了三尺讲台，一晃二十三年过去了，有过辛酸，有过痛苦，有过收获，有过喜悦。但几十年如一日，伴随着一届又一届的学生毕业，一个又一个的学生考进重点大学，一个又一个的学生在工作岗位上卓尔不群、颇有建树的时候，一切的付出都化作欣慰的笑容，今生无悔。

当了二十三年的老师，干了十七年的班主任。优秀的学生都是一样的，问题学生的问题却各有不同。时隔多年，记忆中有些学生的模样已经渐渐模糊，甚至忘记了，可有些学生却时时萦绕在脑海里，像树根一样扎在心里，挥之不去。不光是他们的成就，更重要的是他们的转变，他们的成长。

记得那是2005年，我担任初一（2）班班主任，因为我还有初三的课，所以开校一个月，班上的情况还没完全了解。班干部反映周某不合群，班里布置的工作一点都不上心。这立刻引起我的注意，通过一段时间的观察，我也发现该同学很怪，从来不参加班级的集体活动，包括节日、社会实践活动，都会找这样或那样的借口推脱。别的同学聊天说家里吃什么好东西，他马上转身离开，操场上经常看到他孤单的身影；放学后，他迅速离开学校，不跟其他同学同路走，一幅"独行侠"形象；不交作业，老师提问的时候一声不吭；性格内向，不善与人交往；沉默寡言，甚至不善言笑；连校服也不订，作业钱和学费更是一拖再拖快半学期了也没交的迹象。

面对这样一个学生，即便从教多年的我也是第一次碰到，为了能找到原因、对症下药，我特意对周某进行了家访，结果令人惊讶。在与他爷爷的交谈中，我了解到他们家确实不容易。老两口年近七十，三个儿子，两个姑娘，周某的父亲是最小的儿子，从小娇惯，没吃过苦，长大了没责任心，娶妻生子了还是不好好过日子，好吃懒做，嗜赌如命，地里的收入都赌完了，也不外出打工挣钱，日子每况愈下，周某妈妈再三劝说就是不听，后来干脆离家外出音讯全无。周某父亲无奈之下外出寻妻，结果是找得人也不回来了，这孩子就留给他们老两口。老人年事已高，种地没能力，自己靠其他两个儿子养活，再加上孙子，日子更是艰难，经常靠捡饮料瓶、捡废纸来供孙子上学。老人家说："我已经尽力了，能让他上着学就不错了，哪还能谈啥条件。"听了老人的话，我心里也非常酸楚，说不出是什么滋味，面对这样的孩子，我真的不知道该怎样教育他，长时间的"穷"已经让孩子心理不正常，加上亲情的缺失，接受不到正常的家庭教育，自闭、忧郁、多疑，真的怕哪天又触动了他哪根敏感的神经，造成不可收拾的局面。

放弃吧，有违教师职业道德；教育吧，自己也无从下手，尤其是经济上的帮助我也是无能为力；而父爱、母爱更是老师无法弥补的。在以后的日子里，我也采取过多种方式去和他沟通，尽量不批评他，多表扬他，对他的作业要求降低，鼓励其他孩子多和他交流，可是效果甚微，他的情绪也是时好时坏，情绪低落时就会用逃学的方式来发泄。

物质上帮不了，精神上的帮助还是能做到的。我让周某每周写两篇"爱心日记"，把一周内自己思想上的、生活上的、同学交往上的想法以及想对老师说的话写下来，周五放学时交给我。我认真给他批阅，有意识地指导他如何与人交往、如何调整自己的不良心理，半学期下来，他的日记写得越来越多，也不再躲躲闪闪了，能正视问题，并能适当作自我批评了。为了能让他更好地树立自信，我找学校领导，申请免除他的作业费，并给他争取了寄宿生生活补助。我也找过乡政府，乡上的领导对此事非常上心，给他家爷爷奶奶评了低保，当老人家来学校时握着我的手说："谢谢你啊，老师，你真是个好人。"这时我已经发现周某阳光了许多，自信了许多。

初三毕业后，周某没有能继续上学，就去新疆打工了。2013年春节，我突然接到他的电话，说要来看看我，给我拜个年。我很奇怪，问他是怎么知道我电话号码的，他说他早就有我的号码，是从同学那打听到的。只是他觉得上学时给我添了那么多麻烦，不好意思和我联系。如今他已经在新疆干个体，收入也很可观，今年过年来看看老家的亲戚，也顺便看看我。

  接完电话，我心里久久不能平静，学生在老师的眼里可能就是过客，但老师在学生眼中却是榜样、是准则，甚至是父母。对学生的过错不要一味地迁就，适当地包容和宽容，伸出你神圣的双手，呵护这些青苹果在学校这棵枝繁叶茂的大树上吸取营养、接收阳光，健康地成长。桃李不言，下自成蹊。公平、公正地对待每一个学生，像对待自己的孩子一样，因为学生是天使，老师就是为天使修补翅膀的人。

爱的启迪

■ 胡正海

苏霍姆林斯基曾说过:"一个好教师意味着什么?首先意味着他是这样的人,他热爱孩子,感到跟孩子交往是一种乐趣。"同时,我们还应不失时机地去激励、去引导。心理学研究表明,人在被赞赏、激励的条件下,其自身潜力的发挥是平时的2至3倍。"教育艺术的本质不在于传授本领,而在于唤醒、激励和鼓舞。"让孩子从赏识、夸奖中体验成功的快乐,激励孩子挖掘自身的潜力,做出更好的表现,争取更大的成功。赞赏在教育实践中起着激励作用,正如林肯所说:"每个人都希望得到赞美。"的确,获得他人的肯定与赞美,是人生基本生活需求满足后精神上的高级需求,这种需求贯穿于人的整个生命过程。对学生的成功,应给予肯定、表扬、赞赏,并适当提出更高的要求。

小飞是我班上的一名男生,上课时总是趴在桌子上,好像若有所思;课间,静坐一隅;放学后,又独来独往。他生活在一个不幸的家庭:父母离婚后,母亲改嫁,父亲外出打工,他由后妈抚养,但后妈对他又不好,再加上他身体不好,这一切让他承受着沉重的精神压力,以至于快乐对他来说是一种奢望。

一天上课时,我发现他在看一本网络小说。经过一番思考,我决定选择用另一种方式去"揭穿"他。刚好有一道仿句练习题,我便点名让他回答,我原本以为这道题对他是有些难度的,没想到他仰起头,眨了眨眼睛,嘴巴一张,答案便跟着出来了。回答很精彩,我惊讶于他的灵敏、聪慧。顿时,全班响起了一阵热烈的掌声。我看到了他脸上露出了一丝难得的微笑。我抓住时机,在全班同学面前表扬了他。

下课后，我仍然对课堂上的一幕念念不忘。我想：他能在那么短的时间内，将语言组织得那么精彩，这说明他很聪明；他如此认真地读那么厚的小说，这表明他很喜欢阅读，只是缺少一个人去正确引导。想到这，我决定去充当这个引路人。

　　于是，我找了一个合适的机会告诉他："我特别想看你的那本网络小说，你看我的这些书，我都已经看了好几遍了，我们能不能交换着看？""当然可以。"他突然说。"但是我的书不许在周内看，只能星期天在家里看，更重要的是不能影响学习。""没问题！"他爽快地答应了。就这样，在这一借一还中，我发现他上课变得认真、积极，课下也爱与人交流了。

　　我认为要做好教师这份工作，首先，必须发自内心地去热爱学生，认为跟他们在一起是一种快乐、一种享受；其次，应从生活点滴中去关心他们，让他们感受到你的关爱与呵护；再次，我们在此基础上针对不同情况，具体实施正确有效的引导教育，并适当提出更高的要求。

不经历风雨怎能见彩虹

■ 罗丽华

　　光阴荏苒，转瞬间我已在教育战线上度过了六个春秋。回想匆匆走过的时光，才发觉时间就在诲人不倦的艰辛中、绘声绘色的讲课中、潜心钻研教材和埋头批改作业的笔尖中、上课铃和下课铃交替声中悄然滑过。六年来，我以自己勤奋踏实的工作作风和诚信朴实的人格形象，默默地追求着、奉献着、收获着。今天转首回眸，自己所钟爱的这片教育沃土，已在辛勤的耕耘中慢慢地有小草生根发芽并茁壮成长。

　　2009年7月，从大学校园走出的我，怀揣着满腔的热情、赤诚和美丽的梦想，踏上了教育这条充满希望的阳光之旅，成为了骆驼城乡梧桐小学的一名教师，在这里一干就是三年。三年来，为了朝拜那心目中的圣地，我日夜兼程、无怨无悔。身为一名体育教育专业的我，担任着四年级的班主任兼数学老师，还担任三年级的数学和英语的教学，我觉得压力好大，心中怕但又很要强地将这些教学任务都承担了下来。这让我深刻地体会到，作为一名老师，不仅要全身心地投入教育，还要有精湛的教学技能。于是我重拾读书热情，探寻教育教学，开始了与书为伴的生活。在每天的阅读中，我认识到即使接受了良好的高等教育，具备了一定的教学基本功，在教学实践中也不可懈怠。不知有多少个宁静的夜晚，我安于寂寞，笔耕不辍。有时，为了备好一堂课，我认真钻研教材好几遍，对简单的数学公式、英语单词反复斟酌，细细推敲；有时，为了准备一篇材料，我翻阅大量书籍，不断学习新知，提升教育理念；有时，为了完成学校交给的紧急任务，我放弃休息日，加班加点直到雄鸡报晓。可以说骆驼城乡梧桐小学是培育我走向成熟的桥梁，是我事业有成的充电器。

回首往事历历在目：我忘不了第一次给学生们排练节目并且给他们充当化妆师；忘不了在给一个学生讲题时他紧张地哭了然后我也哭了的场面；忘不了结婚的前一天下午我还在给六年级的学生上课；忘不了家长会上校长在讲我的事迹时，我满眼是泪，却依然倔强地将头抬起仰望着天空……这些事的背后凝聚着我多少心血啊，可以说骆驼城乡梧桐小学是我人生的起点，是培育我成长的摇篮，也是我事业走向成功的铺路石。"书山有路勤为径，学海无涯苦作舟"，在辛勤耕耘的同时，自然会有收获和回报。

2013年8月，因工作需要，我来到了高台二中。刚开始，我只从事学校的体育教学工作，从第二年开始，又承接了班主任管理工作。我所带的是五年级（2）班的48名学生，这个班的学生情况比较特殊，大多是进城务工人员子女，其中还有一部分是留守儿童，学生全部住校，所以我要照管好每一名学生整日的吃喝拉撒睡。对于班主任工作经验还比较匮乏的我又面临了一次新的挑战。班级中学生的学习成绩两极分化比较严重，有些学生在学习、思想、行为等方面存在一定偏差，即所谓的"问题学生"。在学校里，这些学生往往容易被忽视、被冷落。而我没有，我在他们最需要关怀的时候，耐心给他们讲道理、做思想工作。我不想让任何一个学生错过教育机会，我给他们更多的教育引导和关爱，最大限度地理解、宽容、关爱他们。

丁某是我们班的一个男孩子，他平时活泼、好动，经常小偷小摸，生活习惯特别差，在还没有带这个班的时候我就知道他的情况。我心里祈祷最好不要让这个学生分到我的班里，可谁知分班的时候他恰恰就分到我班里。没办法，只好硬着头皮来接手这个工作。对他的教育我思前想后，最后决定给这个学生写一封信，做好拉近师生距离的第一步工作。信中是这样写的："丁某，老师在还没有当你的班主任之前就已经知道你了，你活泼、好动，具有很强的好奇心。每当看到你唱歌极其投入的样子，老师就知道你是一个有情感并且很认真的孩子。老师知道你的家庭很特殊，父母离异，父亲常年在外打工，以前还有奶奶在照顾你、疼爱你，可在去年就连年迈的奶奶也去世了，现在又寄宿在姑妈家，你一定受了不少委屈吧！上天的确对你不太公平，但你依然那样坚强、那样活泼，生活的磨难没有将你对生活的信心挫败，你是好样的！虽然你的身上有着许多坏毛病，但我想这只是暂时的，只要及时改正，一切都还来得及。能成为师生也是我们之间的缘分，老师希望从今天起你能把我当成你的姐姐或妈妈一样来看待，有困难就及时告诉老师，有需要帮助的时候就来求助老师，让我来帮助你吧！相信只要每天改正一小步，将来一定会进步一大步。"接下来我经常把他请到办公室谈心，让他说说自己的表现，我还送给他一个很精致的笔记本，让他记录自己每天的不良表现。我还鼓励他，要敢于认识自己、不断改进自己。从打那以后，丁某上课认真了，课间能与同学和睦相处了。后来，我又让他参加了冬季长跑运动会，还让他担任卫生监督小组长，他看到我对他如此器重，他的学习劲头更大了，上课的纪律也比以前有了很大的进步，下课主动请教老师，经常和同学们一起探究问题，考试成绩也有了明显的提升。在行为习惯上也有了明显的进步。记得在一次考试中，作文的题目是"我最感恩的人"。当考试结束时他捧着试卷来找我，他告诉我，他在作文中写的是我并且请求我看一看他的作文。文中有一句话是这样写的："在我的人生当中，有一位爱护我、关心我，甚至像我妈妈一样的老师，那就是我的班主任，每当我有困难的时候她都义不容辞地来帮助我。老师，在我心里，您一直照顾我，一直关心我。您这么辛苦，我能做些什么呢？我知道只有一直好好学习，才能给您最好的回报。"看了他的作文，我热泪盈眶，我在心中暗自高兴，我对他的教育成功了……

小丽是我们班的一个女孩子，她患有慢性阑尾炎，体质偏弱，父母在外地打工，在家里只有爷爷奶奶照顾她，每次患病我都会亲自来照料她。在她的周记中有这样一句话："罗老师，每当你骑车离开学校时我的双眼就湿润了，你就像我的妈妈一样，看到妈妈的背影我又尝到了一次别离……"

我深深地体会着教师职业的幸福感。通过此事我也进行了深刻的反思，我想只要给"问题"学生多一点关注和机会，就会搜寻出他们身上的"闪光点"，使他们感到老师时刻在关注他，这样就会增强他们的自信心和自觉性，从而获得心理和学习上的更大进步。

面对离开父母双亲孤单在外住宿的孩子们，我们的工作强度、工作热情便可想而知。最难忘的是当我的学生衣服开线时，我帮他们一针一线地缝衣服；当我的学生生病时，我如同一位慈祥的母亲陪伴在学生身边，陪他们去看医生并且端水拿药；而当自己的孩子生病时，我却奔波在给学生传授知识的课堂上……这样的事例真是太多太多，这一切都源于我对教育事业的忠诚与热爱。

苏联教育家苏霍姆林斯基曾经说过："没有爱就没有教育。"作为新世纪开始奋斗在教育战线上的我，在这些年的班主任工作中，让我感到只有热爱、尊重、爱护、信任学生，使学生真正感到来自教师的温暖和呵护，教育才能有实效。

"宝剑锋从磨砺出，梅花香自苦寒来。"我知道自己身上还有许多需要改进的地方，但我要说年轻就是我的资本，我有着不甘落后的进取心，我会充满激情地奋斗、开拓、进取，将青春挥洒在自己热爱的教育热土上，我无怨无悔！只要心中有向往、有行动、有坚持，我深信刹那终究会变成永恒，梦想一定会变成现实！

教育的真谛

■ 孙良振

"捧着一颗心来，不带半根草去。"陶行知先生的真知灼言，言犹在耳。我深感一位人民教师的责任，那就是点亮学生心中的灯。也深感一位人民教师的光荣，作为一位人民教师，只有爱自己的学生，像爱自己的孩子，尽情欣赏学生的闪光点，才能感受人生的幸福。

爱是教育的前提，但远不是教育的全部。由爱而升华为责任——对孩子的一生负责，这才是教育的真谛。

在我的办公桌上，有一张2009届（3）班毕业时的师生合影。照片上，我的身边是一个秀气而忧郁的女生，每每看到她，许多故事都会不由地浮现。

她叫萍，脸上有一双带着稚气的、被长长的睫毛装饰起来的美丽的眼睛，就像两颗水晶葡萄。听课时，眉毛时而紧紧地皱起，眉宇间形成一个问号；时而愉快地舒展，像个感叹号。即使回答错误，她也会把手举得老高。她爱唱爱跳，每次学校举行文艺活动她都积极参加，但由于基础较差，所以不管她怎么努力，成绩总是上不去。

星期一早晨的数学课上，我发现她满脸愁容、心不在焉。上完课后，经过一番推心置腹的谈话，她终于开口了："哥哥上大学，家人对我的期望也高，希望我也上大学，但我成绩不好，连高中都考不上……"当时我就说："你可以上职中啊！每个人的命运都掌握在自己的手里，不做让自己后悔、让家人担忧的事，才是对自己的负责。"她接着说："我爸爸说过，如果我考不上高中，我就别念书了，回家种地或打工。"说着她就哭了。我说："不一定上高中才能上大学，你的舞跳得好，嗓子也不错，可以学音乐，考艺术学院啊！""真的吗？"她瞪大双眼，带着惊喜和疑惑大声说。我说：

"真的，但是你还得赶一赶文化课，如果专业课学好，文化课成绩也不错的话，你会考一个更好的大学。"通过这次谈话，她在学习上更用功了，成绩虽然进步不大，但至少在进步。为学生的前途考虑，我主动联系了她的家长。起初他们态度很坚决，通过我和他们交流、沟通，指出了学生的闪光点，并阐述了继续上学的前景，最后家长理解并支持她上职中的音乐专业。在职中三年的学习中，她一刻不停地努力着，最后以优异的专业课成绩考入了她理想的艺术大学。

爱，是一把金钥匙，能打开孩子闭锁的心灵；爱，是一双无形的手，能抚去孩子苦涩的泪花……爱是一个口袋，往里装有满足感，往外装有成就感。作为一个普通的老师，不需要波澜壮阔、惊天动地的壮举，只要真诚地播洒真爱，就一定能有所收获。

爱，唤醒沉睡中的孩子

■ 权得锋

曾有这样一句话："选择了军人就选择了牺牲，选择了教师就选择了奉献。"热爱学生，诲人不倦是教师的基本道德，它要求教师能够爱岗敬业，热爱学生，全身心地投入教书育人当中。

2009年的11月，刚踏入工作的学校时，我对周围的一切都有一种新鲜感，对新的挑战有一种兴奋感。可当我在工作中实践时，却不是我想象的那样。听了一周的课后，我迎来了进校的第一次重大"考验"——新教师汇报课，对于一个新手来说难免会感到紧张，紧张之余难免让我感到措手不及。从备课到上完课，我都一直处于精神绷紧的状态，课上得虽然不是很成功，但这是我教学生涯的开始，是我踏上讲台的第一节课。课后老师们的评课使我感触颇多，我从这次公开课中学到了课本上没有的知识。这次的公开课使原本盲目的我找到了方向。很多老师说：教师的职业是一种心态。踏上三尺讲台，也就意味着踏上了艰巨而漫长的"育人之旅"，教师就像那默默奉献的绿叶，时时刻刻衬托着鲜花的娇艳。作为一名教师，我们都应有默默无闻的奉献精神，甘为人梯，像春蚕吐尽青丝，像蜡烛化成灰烬。

时间过得很快，将近两个月的教学工作使我获得了很多经验，也成长了很多。我的目标也渐渐清晰，我始终有一个理念，干一行就要成为这一行中最好的，所以我想成为一名好教师。什么样的教师才是一名好教师呢？苏霍姆林斯基曾说过："一个好教师意味着什么？首先意味着他是这样的人，他热爱孩子，感到跟孩子交往是一种乐趣。"我默默地记住了这句话，并在我的教育教学中不断地实践着。

记得我刚带班的第一年，我班的一名姓郑的男生总是板着一张蜡黄的脸，毫无生气。在与其他科目老师交流后，我得知他几乎每节课都是这样。但从他的眼神中，我分明窥探到了一丝希望。经多方了解我才得知，他父母离婚后，母亲独自抚养他，家中经济条件不好，再加上他身体不好，这让他变得沉默寡言，不爱与人交往。

　　有一次，他竟然在课上看武侠小说，被我发现。于是，我便点名让他回答问题。没想到他很快正确地回答了这道有些难度的题。班里同学都用惊讶、佩服的眼光看着他。下课后，我将他叫到办公室，告诉他："你是一个聪明的孩子，学习数学很有天赋，我们做一个约定，如果你能回答出我上课提问你的90%的问题，我桌子上的这些小说你可以随便借阅。"他拿起我早已放在桌子上的几本书，翻阅起来。就这样，我发现他渐渐地变了，上课积极发言，与同学和睦相处，成绩也提高了，特别是数学成绩尤为突出。

　　这件事给我的启发是要做好教师这份工作，要用真心、爱心潜移默化地影响学生、教育学生。严厉的指责和批评只能在表面镇压纪律，却无法触及学生的内心，无法真正地引导他们。让我们的爱充满教育心智，让教育之爱闪耀智慧的光芒。

第二辑

有一种影响了无痕迹

我是一颗小小的石头

■ 李彦平

岁月静静在身边流过，不知不觉在教育岗位上已经度过了十五年。我在默默无闻中也即将迈入人生的中年，从最初的躁动浅浮与迷茫，到如今的恬淡平静与无悔，岁月无情地在身上刻下了道道深痕。经历了太多的物是人非，送走了一茬一茬的学生，虽不曾惊天动地，但也在静静品味着教育人自知的甘甜，细细咀嚼着其中的生命滋味。

我1999年6月毕业，直到10月才参加工作。"十一"假期刚刚过去，我就被通知上班，满心兴奋与新奇地赶到学校上班，正好赶上学生劳动，上班的第一天就在与学生的共同劳动中度过了。第二天上班，得知学校给我安排了初一一个班的班主任工作。初一的学生刚刚由小学升入初中，稚气未脱，面对新的环境充满好奇，在任何老师的课上都表现得积极、活跃。不久，我就掌握了学生的基本情况，其中有一个学生引起了我的注意。他叫涛，在班上他的成绩是末等，上课不喜欢回答问题，字写得歪歪扭扭，甚至还经常不交作业，平时一人独来独往。他是那种平淡无奇，似乎可以被人淡忘的学生。在接下来的交往中，涛的表现令我难以接受。他的字写得极为难看，致使作业无法辨认，平时测试成绩与其他成绩较差的同学都差一大截。他逐渐成为了各个任课老师心中的痛，老师们是好话说尽，但他水泼不进、针插不入，依然我行我素。我作为班主任，又何尝不是时常将他挂在心头？我试着慢慢接近他，上课间隙时，我问一问他是否听懂；有时候我也把他叫到办公室，征求他的一些看法；有时故意走到宿舍，查看他的饮食起居；有时碰到他，特意让他去买一些无关紧要的小东西……起初，他也只是默不作声，偶尔笑一笑罢了。后来，他终于向我说出了心里话。原来，他有难以释怀的心结。

他出生在我县最偏远的一个小乡村，自小父母就在外打工，一年难得见一次面，常年跟奶奶在一起生活，从未享受过父母的关爱。他所在的小学只有两个老师，而且一个是民办教师，而他小学的老师对他疏于管教，有时还当着全班学生挖苦他、打击他。在同学面前，他觉得抬不起头，在老师眼里他又觉得自己没用，久而久之，他就不再说话了，也就养成了独来独往的习惯，不愿再和任何人交流沟通，把自己封闭了起来，致使成绩下滑。我知道教育不是神话，不可能一蹴而就。自此之后，我对他特意关照，他也在慢慢发生改变。他经常义务打扫教室卫生，教室内有损坏的用具他会主动修好，劳动时他最积极，有同学在慢慢接近他……所有的这一切我都看在眼里。有一天，晚上12点多，我起夜去上厕所，发现教室内还有亮光，我过去一看，他还在点着蜡烛写作业，我心里一动。但由于他写字太慢，第二天仍有教师反映他未交作业，我只能苦笑。尽管如此，仍有任课教师不满意，认为他在拖班级的后腿，甚至有老教师向我暗示，该使"杀手锏"了，所有的一切我都淡然置之。教育应该是一种慢的艺术，切不可急功近利。时间在无声中流逝了。转眼间，初中毕业了，他也拿到了毕业证。后来，他给我写了一封信，说道："老师，谢谢你，我知道自己的基础太差了，如果不是老师你的激励，给我自信，或许我早已辍学了。"字还是那样歪歪扭扭，但我很高兴，这是教育人才能感知的幸福。

  还有一个学生，也同样令我印象深刻，他的模样至今还在我的脑海中时时闪现：个子不高，模样很精瘦，说起话来近乎尖叫，平时上课下课很爱调皮捣蛋，上课时身子动过来扭过去，嘴巴说个不停，时常活跃在老师的身边，许多画面至今还很清晰。记得有段时间，教室内和宿舍内时常发生丢东西的现象，各种迹象不约而同地都指向了他，但是始终没有证据。我只好把他叫到身边旁敲侧击，但还是不见效。后来，甚至有同学向我反映，他有时还在课外活动时间，趁老师不注意的时候，偷偷到附近居民家中行窃。听到这一信息，我感到震惊，不免对他加强看管。但偷窃事件还是发生了。有一天下午六点，我接到派出所的电话，让我到居民家中去领他，听到这一消息时，我感到震惊和愤怒。原来，他在课外活动时间趁居民外出干活时去行窃，被返回家取东西的居民逮个正着。当我赶到居民家中时，警察正在现场取证，周围围满了群众。当我见到他时，他正蜷缩在屋内的一角，脸上露出无助和惊恐，我只能默默地将他带到学校。刚到办公室，他就哭诉到，他也管不住自己，他偷东西时，有一种莫名的快感。看到他那可怜的样子，我能说什么呢？这时在文具盒中，我突然看到了一个橡皮筋，我将它取出来套在了他的胳膊上，告诉他，以后当你想偷东西时，你就使劲弹自己，直到弹到你不想偷为止。从此以后，班内再也没有发生这样的事。

  选择了教师这个职业，就是选择了淡泊。教师不需要鲜花与掌声，唯有默默奉献，将自己深深掩埋于泥土之中，心甘情愿做别人成功的踩脚石。让每一个学生健康茁壮地成长，那才是老师最大的幸福。

女孩眼中的墙报

■ 薛新国

十年前，学校唯一的美术教师生病了，作为语文教师的我，毛遂自荐，揽下了美术教师所担任的全部教学和宣传工作。我所做的第一件事情就是把教学楼梯口的宣传橱窗里的内容给换下来。由于那一年我校的中考成绩比往年有较大的突破，于是我想到了做一期墙报，宣传一下以优异成绩考上高中的几位学生。我整理出了一段文字资料，还配上他们的照片，以尽量吸引学生的眼球。那一期的宣传墙报在橱窗里贴出来以后，果然有很长一段时间吸引着不少同学驻足观看，也在我的脑海里留下了深刻的印象。

一晃很多年过去了。一个冬天的下午，批改完期末考试卷以后，我就匆匆离开了学校，登上了公交车。车子尚未开动，忽然，坐在前排的一个人转过头来，朝我大声喊："薛老师，你还认得我吗？"我抬头望了一下，很快就认了出来，原来是几年前教过的一个女同学，当过语文课代表，当年在中考中取得了年级第一的成绩，给我留下了很深的印象。

车子缓缓开动着，她与我聊起了点点滴滴的往事。"在我的印象中，你的学习成绩一直是很好的。"我回忆道。"不，不是这样的，你大概不知道，我只是在初中阶段的最后一年才开始在学习上快速进步，"她微微涨红了脸解释道，"老师，你知道我读初中时后来成绩怎么好起来的吗？那是因为我在初二时看到学校的走廊里有一块墙报，介绍前一届毕业生的情况，使我受到了很大的震动。我看了一遍又一遍，心想，人家是人，我也是人，人家能把学习搞得那么好，我为什么就不能呢？从那以后我就开始用心读书，终于渐渐地追赶上了别人。"提到墙报的话题，倏然间多年以前的往事和那期墙报的情景从我的脑海中迅速跳跃而出，仿佛就在眼前一般，引起了我的沉思。"有这样的事情吗？我怎么从来就没有听说过呢？""你当然不可能知道这个事，就连我爸爸也不知道。这是我自己的一个秘密，别人哪会知道呀？我确实就是看到那期墙报之后才开始在学习上一天比一天好起来的。"

她的话使我非常吃惊，甚至觉得有点像天方夜谭。我怎么也不会想到，原本是想给初三学生看的一张小报，居然会对当时还在读初二的一个女生产生如此大的影响。更让我感到不可思议的是，这个本来永远不会让我知道的故事，竟然会由当事人在一次偶然而又短暂的相遇中亲口说给我听。

很多天之后我都在回想这件事情的来龙去脉，我一直在思索，这位女生并不知道这期墙报是我一手操办的，因此她说的事情应该是真实可信的。由此我想到，学校作为教书育人的地方，校园里的一草一木、一景一物，在不经意之间都有可能影响到青少年学生的成长历程。校园里偶然出现的一些场景，虽如毛毛雨一般地润物细无声，原来竟也能出奇制胜，在稚嫩的心田里激起久远的回荡。

给我的学生们

■ 王承宏

2000年8月25日,我提着大大小小的包来到河西学院。三年后的6月20日,我提着大大小小的包离开河西学院,那一刻,我的心就像是倒光水的空瓶,空得能听到心跳的回声。

时光荏苒,现在回想那些日子,自己再也没有以前那样的从容。三年的时光,只能永远定格在那几寸的胶片上面,留给我的,只能是在梦里依稀辨得清的欢声笑语、豪言壮语。梦总有醒的时候,醒来了,我就不再是我。而现在,我只想以一个大朋友的身份,对我40多位风华正茂的学生们说说我的心里话——不要嫌我唠叨,有时候唠叨往往和期盼是可以画等号的。

望着今天在慢慢长大的你们,回顾和你们一起度过的每一天,虽然时间不是很长,但那都成为了我珍贵的回忆。回忆你们在学校活动中的努力拼搏,回忆你们在上课时的阵阵笑声,回忆你们为了一件小事争得不可开交,回忆你们在劳动中撅着嘴抱怨。那些似乎都成为了你们这个年龄中不可或缺的部分,同时也点缀着我的生活。因为你们笑而我笑,因为你们烦而我烦,因为你们调皮捣蛋而我火冒三丈,因为你们哭而我为难。或许有些同学此时正用怀疑的眼光看着我。不要怀疑,我只是一个比你们大几岁,扮演着一个被称为老师这个角色的大孩子。我能理解你们小脑袋里的奇思怪想,也在被你们感动着。教师节我第一次收到学生送来的礼物,第一次在马路上和学生们谈心,第一次收到学生放在我门口的零食,很多的"第一次"我都被你们深深地感动着。同时也被你们的"很多次"折磨着,很多次的自习吵闹,很多次的相互吵架,很多次的不做作业,很多次的违纪违规,还有很多的"很多次"。面对着这样的"很多次",有时候我很无奈,有时候我又很恼火,因为老师也是有血有肉的人，更何况我一直在抛开老师这个束侑来和你们交流，所以我放纵，我希望我能用我的一次次谈话、一次次玩笑让你们接受，但我又在常常后悔，因为很多事情背后的真相是我所不能知道的。

　　有经验的老师这样说："学生，只能给好心，不能给好脸。"有网络上的文章这样说："笑声是成功的伴娘。"于是我困惑，但我还是选择了相信后一句话，我只希望我的学生能够知道，笑声里面包含着深深的期盼，也希望我的学生能够知道，笑声不是一种纵容。我的要求不高，只希望你们能正视自己，把握自己的一生，用自己的一生搏自己的一生，不要用自己的一时荒废自己的一生。笑看人生，不是小看人生。或许有一天，当你们在各个岗位上真正磨炼自己的时候，就能体会这时候我的心情。到那时，希望我们还能真诚地交流，不再是老师和学生，而是朋友和朋友。

不让一个孩子掉队

■ 盛鸿彪

多年来为人师表，在讲坛上不断地上演着自己的教育教学故事，许多都已随着时光流逝而渐渐淡忘，可也有一些就如同树根一样深深地扎在了我的心上。虽不曾惊天动地，但仍历历在目，感悟至深。

那是2010年的秋季，学校给我安排了六年级的班主任和语文课的教学任务。全班共36位学生，班上男生多女生少。从第一天走上讲台，我就一边摸索熟悉着这群孩子，一边按照教学任务紧张有序地完成教学计划。和孩子们朝夕相处，我感觉到孩子们的天真活泼，但也有个别孩子活泼有余、守纪不足，有些人课堂上管不住自己的小嘴巴，喜欢在下面讲话；有些人注意力不集中，爱玩铅笔、橡皮擦……为了培养良好的行为习惯，我对本班制定了班规：①合理有效地安排早读。每天早读时间我都会和孩子们一起读书，在下早读前的两分钟里表扬读书认真并且声音响亮的孩子。②班干部将每天守纪情况做一个详细的记录，并在每周的周会上做总结。奖惩分明，让孩子们有兴趣、有对比。

在我和孩子们的共同努力下，班级的情况发生了根本性的改变。课堂纪律变好了，学生的学习自觉了。看到他们的进步，我为他们感到高兴！学期末，我班被评为先进班集体，本人也获得"先进班主任"荣誉称号。我深深地思索着：热爱一个学生就等于塑造一个学生，而厌弃一个学生无异于毁掉一个学生。热爱学生，不仅仅要爱好学生，更要爱有缺点、有问题的落后生！正因其差、问题多，才需要教师付出更多的时间、精力和爱心。热爱学生就是教师的天职，这远比渊博的知识更重要。每个学生都渴望得到老师的关爱，鼓励和鞭策会大大推动学生的成长和进步。"教书育人，以人为本。"

在实际教育教学工作中,我体会到当一名爱学生并被学生爱的老师的不容易!在今后的育人道路上,我会明确目标,增强理论修养,积累探索实践,不断反思改进,踏踏实实工作,拥有独特的个人魅力及优质高效的教育教学方法。

用爱心撑起教育的一片蓝天

■ 刘云飞

"育苗有志闲逸少,润物无声辛劳多。"教育肩负着每一个家庭的希望,肩负着一个国家的振兴,肩负着一个民族的未来,选择了教育就是提升了自己品质的高度,选择了教育就是选择了用爱心去善待我们的未来。蓦然回首,我已工作12个年头了,伴着一届又一届的孩子们,在人生与教育之路上行走的我,同时也拥有了一份属于自己独一无二的感悟!

师爱,是一把金钥匙,能打开孩子闭锁的心灵;师爱,是一双无形的手,能抚去孩子苦涩的泪花。2010年,我有幸到兰州参加了魏书生大型班主任研讨会,魏老师的教育理念让我印象最深的就是"没有爱就没有教育"。我在工作中的体会也的确如此,没有爱的教育就像没有水的鱼。所以在平时的教育过程中,我要求自己有一颗仁爱之心,平等地对待每一位学生,用心去体会他们的内心感受,走进他们的情感世界。爱心的表现往往是通过具体的小事反映出来的,比如天气突变,提醒孩子们增添衣服;放学了提醒他们按时吃饭,不要为了节省几元零花钱而不去吃饭;晚上查宿舍,给孩子们温馨的提示,不要用冷水洗脸洗脚,有时间了还可以在他们的床上坐一坐,和他聊聊天,感受一下他们床铺是否舒适;下雨、下雪了告诉他们行走要小心;放长假后主动给孩子们打电话了解一下他们的近况……这一桩桩的小事都可以让学生感受到老师对他们的关心和爱护。爱的力量是无穷的,学生在老师爱的沐浴下可以轻松快乐地生活,即使他们违反了纪律,我们严厉地批评时,也要动之以情,晓之以理,让他明白:老师是关心你的,爱护你的,是为你着想,才严格要求。这样在严师面前,他就不会产生逆反的心理和情绪,反而理解了老师的苦心。我记得在上学期,我班有一个学生柴某,有一天晚上突发急性阑尾炎，这个孩子家在新坝小泉，坐车到城里要接近两个小时。情况紧急。我一边联系家长，一边骑电摩赶快把孩子送到医院救治，陪孩子做各项检查，输液，垫付医药费。等他的家长赶来，已经12点之后了，家长看到孩子没事，握着我的手连声道谢，虽然我也很累，但看到他们幸福的笑容，我真有一种"送人玫瑰手留余香"的感觉。

每个班里都有听话的孩子和淘气的孩子。听话的孩子，我们随时可以发现他们的优点，他们也经常得到老师的表扬。而淘气的孩子则更需要我们细致的关注，捕捉他们的闪光点，及时地进行表扬，用爱心"让孩子永远生活在希望之中"，我相信它所起的巨大作用是不可估量的。同样我班上学期有个孩子王某，学习习惯很不好，做作业拖拖拉拉，字迹也很潦草，上学期刚开校还有抽烟、打架的情况，更严重的是这孩子进入青春期，有很强的叛逆情绪，不服从任课教师的管理。但他很喜欢体育运动，于是，我利用上学期九年级各班进行篮球比赛的机会，让他当球队队长，结果我们班得了全年级第二名，我表扬了所有参赛学生，而且特别提到他的名字，并希望他在作业上也和打篮球一样漂亮。后来，他做作业快了很多，字迹也工整很多。针对他抽烟、打架的情况，我采取延迟处理的方式。我先了解了事情的来龙去脉，发现这些孩子都是错误地把帮别人打架当成讲义气、重感情。了解了这些之后，在那天的晚自习上，我把他单独叫到办公室，让他面对着我坐下，语重心长地对他说："我知道你是个特讲义气的人，你和你的朋友关系很铁我理解，但是我和你关系也不赖呀，你这样做，会让我在学校领导和老师面前做检讨，挨批评，你为我讲过义气了吗？要不这样吧，以后你做了坏事，在全校师生面前亮相时，我陪你一起上台，我在学校做检讨时，你陪我一起行吗？"他听完之后嘿嘿地笑了，然后我又通过给他讲"冷血十三鹰""迷失的少年"等事件，讲解法律知识给他听。从那以后他再也没有给我惹过大麻烦，而且负责我班男生公寓三楼东卫生间的清扫工作，多次受到宿舍管理员的表扬。

每当孩子们犯了错误，有时我也很生气，但我尽量克制。我常用两句话来安慰自己：第一句话是，假如我是孩子；第二句话是，假如是我的孩子。转换一个角度，思想就豁然开朗，处理起来会起到事半功倍的效果。真诚的付出一定会收到丰硕的回报。假如有人问我，是否愿意做班主任，还愿意做几年班主任，我会毫不犹豫地回答，我愿意，我愿意用一生的爱去扎根于班主任岗位这个土壤,我愿意用一生的心血汗水去浇灌学生心灵的花朵。生命是可贵的,奉献是高尚的,"捧着一颗心来,不带半根草去",默默实践,默默耕耘。我在平凡中用爱和真情像和煦春风去温暖学生的心灵,去完善学生的灵魂,也在默默实现做教师的价值,实现做班主任的价值!

课堂教学是一种艺术

■ 王宏强

　　英语作为学生学习的第二语言，与其他学科相比有其特殊性。从学科本身来讲，课堂上出现各种意外事件的频率比较高，再加上农村学生的学习行为习惯相对差些，能否较为妥善地处理好课堂突发事件就显得尤为重要。俗话说得好："猝然临之而不惊，无故加之而不怒。"只有"沉着"，才能"应战"，才能将被动局面扭转。

　　一次在快要上完一节还算满意的课后，一个学生突然举手示意。原本以为他要提出针对本课的疑问，没想到是向我告状。告状的内容是他身旁的同学偷偷地看了大半节课的玄幻小说。因为他坐的是最角落的位置，加之我在平时有不许学生在课堂上随便告状的规定，所以始终未曾发现。正当这时，下课铃声响起，为了不耽误给其他学生布置作业，我只说了句："下课后，李某帮我把录音机提到办公室去。"

　　在回办公室的路上，我一边走在他身旁，一边和他对话："上课看的是什么书啊？"李飞："《马丁的早晨》。""哦，那这本书讲的是什么故事啊？"李飞："一个叫马丁的魔术师的故事。""哦？他会变魔术？变什么呢？"李飞："变很多种人。""那具体说说啊。"他开始默不作声，估计在努力回想，但似乎因为语言组织能力不是很好，没有立刻回答，这时也恰好走到了办公室。他放下录音机后我问："你这节课共看了几页呢？"李飞翻了翻书说："好几十页。"我说："不错呢，一节课可以看那么多。如果你一节课能学那么多知识该有多好啊（自言自语），那你在课上有听到我讲了些什么吗？"李飞："Ruler."（以前的旧知识，在这节课中运用于新旧知识的结合环节。）我又接着说："不错，一心能二用，可以边看书边听课，说明你脑袋不赖啊。"李飞不好意思地低下了头。我立刻又问："那你能用英语说说这尺子是什么颜色的吗？"（颜色是这节课的新授内容。）李飞不是很自信地回答："Red？"我竖起拇指表扬道："Very good！"（接着我便拿出了另外几种颜色的词语卡片，如我所料，他有大部分都读不出，我便反复耐心地教，耐心地纠正。）不到5分钟，那孩子已经掌握得差不多了。我又问："你觉得那书好看吗？"李飞有些不太明白意思地点了点头。我说："说明你是看得懂那本书的，对吗？"李飞回答："是。""那如果你没有很好的语文基础，能看懂里面的内容吗？"李飞摇了摇头。"你知道吗？如果你英语学好了，能看懂更多更有趣的书呢。想看吗？"李飞说："想。""那以后上课……"李飞没等我说完就说："我会认真听讲的。"我点着头鼓励他："好，我会在上课时看着你的表现，别让我失望哦！""嗯。"从那次事情后，我在上课时就格外注意像李飞那样虽然聪明但注意力难以集中的孩子，有时候因为喉咙疼，还会请他们来帮我做布置作业的"小话筒"（我轻声向他们传达作业内容，让他们大声向全班同学宣布）。我发现他们在上课时的表现比以前有了很大的进步，而且我上课也更有效率了。卡尔·罗杰斯有句名言："一旦真诚、对个人的尊重、理解学生的内心世界等态度出现了，振奋人心的事情就发生了。"爱学生就要尊重学生，尊重学生的人格，理解学生的要求和想法，理解他们的幼稚和天真；用充满爱的眼睛欣赏学生……即使是成绩最差、行为最随便的孩子，他们也有自尊，也需要我们所说的"面子"。很多课堂上的突发事情其实并不需要立刻处理，如果留到课后，给学生和自己的思想一片天空，让谈话沟通给彼此的心灵一个自由，那么教与学就将不再是心血来潮和灵感突发的过程了。

　　我上面提到的例子，是很平常、很普通的事情。我们做教师的几乎每个人都能够遇到，但要真能够做到恰如其分、得心应手，却也不是那么容易。就我本人来讲，在平时的教学过程中就犯过不少错误。解决一系列的问题除了自身的素质之外，仍然需要一个长期的过程。通过自身的努力，加上对于教育事业的热爱，加上对自己所教学生的深厚的爱，我想我会把这种应对此类"突发事件"的能力提升为一门教育艺术。

微笑——心的交流

■ 陈 鹰

我是一名平凡的教师，转眼间已经工作了十个春秋。回首这十年的教育之路，我没有什么轰轰烈烈的壮举，更没有值得称颂的大作为，可是平淡的教学生涯却赋予我宝贵的课堂教学经验——用微笑鼓励学生。"没有爱就没有教育"，这是我从事教育教学工作的座右铭。一个老师必须热爱学生才能教好学生。微笑着面对学生，没有不可教育或教育不好的学生，相信人人都可以成才。只要我把微笑和爱心献给孩子们，其实就是对他们莫大的鼓励。我认为，作为一名英语教师，更要善于用爱与微笑来育人。微笑，是人的一种情态语言，适当的时候投以适度的微笑，可以发挥其无穷的价值。把微笑这种非凡的语言运用到教育教学活动中，也会收到意想不到的效果。

记得有一年，我被安排教七（4）班的英语。在这之前，我就听说这个班非常糟糕，不但整个班学习气氛不浓厚，而且有几个非常捣蛋的学生，让其他老师都很头疼，这让我产生了很大的压力。当我第一次微笑着走进教室、微笑着说了一句"Class begins"后，我听到了班长响亮的"Stand up"，接着就是同学们的一句"Good morning, Teacher"。当时我震惊了，我本以为学生会搞什么恶作剧来给我个下马威，使我意想不到的是：他们一个个坐得整整齐齐，从他们的脸上我看到了学生对知识的渴求和希冀。这时，我心中的那份偏见瞬间消失了。接下来的日子，我努力用宽容的态度去更多地发现他们的优点。渐渐地，学生在我的眼中有了变化，我也开始真正从内心里喜欢他们。正是这种喜欢，使我在面对本班学生时有了真诚的微笑，教室里的笑声多了，课堂气氛也活跃了。这微笑又从教室里走出来，成了我接人待物的习惯表情，微笑着和学生打招呼，微笑着和个别学生谈心，即使面对犯错误的学生，我也总是带着微笑去处理……

没有爱便没有教育，作为教师，唯有心里时刻装着学生，学生心里才能有你这个老师。尤其是后进生，爱之深切，才能唤起他们奋发向上的勇气、信心和激情。如果对学生一味地严格，不给学生以关怀、体谅，表面上看，学生非常听话，甚至做得很好。但时间长了，学生见了老师就像老鼠见了猫一样，害怕之至。学生长时间处于这样一种被动压抑之中，将对身心产生不良影响，从而导致厌学、逃学、退学、辍学等。我的宗旨是我一见到学生就微笑，笑中有爱、有关心、有鼓励。当你以自己的快乐心境感染着学生，并对其充满爱心，而学生做出相应的信息反馈给你时，你又怎么可能不持之以恒地"诲人不倦"？当你深入了解学生，被他们认可为"良师益友"，师生间就会形成一种默契，一个鼓励的眼神、一个会心的微笑、一个不起眼的表扬、一个中肯委婉的指正，有时都会收到意想不到的效果。学生爱老师，自然也爱老师所教的学科，即"亲其师、信其道"。慢慢地，你的学生就是你的朋友了，你付出的爱和微笑就有回报。孩子们变乖了，听话了，成绩也就进步了。师生间始终保持一种融洽和谐的情感，就能够使学生在王国里啜饮甘露，在美的领域中成为善于审美的人。

微笑具有沁人心脾的效果，微笑能使学生在轻松愉快的环境中学习。教师的微笑可以给学生营造一个美好的氛围。王某是一个既聪明活泼又顽皮好动，但是闲话很多的学生，上课总管不住自己，每当我留意到他注意力不集中，开始讲闲话时，只要轻轻看他一眼，对他微微一笑，他马上会察觉，知道自己错了，也粲然一笑，然后很认真地听讲。由于我没有当众批评他，伤害他的自尊心，也没有引起其他同学的注意，这样经过几次以后，课后他经常找我聊天，说学习，谈体会。我们师生之间的关系更进了一步。李某是一个闲话很多、对学习英语又一点兴趣都没有的学生。每当课堂上他不听课想说话时，我总是对他微微一笑；有时我故意出比较简单的问题让他回答，并且都给予他最真诚的微笑，鼓励他大胆地说，说错了也没关系。这样经过不断地反复以后，他课堂上说话的时间少了，还经常问我问题，并且敢在课堂上发表自己的意见了。

老师的一言一笑、一举一动，对学生都是潜移默化的教育，老师一定要用自己的实际行动来告诉学生，老师对他们是非常关怀和有爱的。有一个学生叫小薇，在我班读书时就是一个"困难户"，身上总是穿着一件洗得发白的白衬衫，在我的记忆里没有看到她穿过一件裙子。因为家里比较困难，所以学校无论举行什么活动她都不参加，在哪儿她都是默默无闻的，不引人注意。可是天有不测风云，这个孩子的爸爸在一次车祸后被迫截肢，这对一个本就困难的家庭而言简直是天大的打击。家里一下子失去了顶梁柱，她马上就面临失学的危机。当我了解情况之后，马上就和她的妈妈联系，她妈妈也不想她的女儿失学，但家里实在太困难，她一个人还要负担一个儿子读初中，这对于一个农村妇女来说困难实在很大，更何况在农村普遍存在着重男轻女的思想。因此，小薇的失学可能性非常大。怎样帮助这个可怜的孩子呢？我想了很久，当我再次去家访时，我给我的学生买了一件裙子、一个书包，我告诉家长，我不想让我的学生在我的手中流失，我一定要帮助她渡过难关。在老师和同学的爱与关怀下，她没有被残酷的现实打垮，而是坚强地站了起来。从此之后，她更加发奋刻苦学习，成绩进步非常大，其他学生看到老师用自己的行动关爱学生，他们也被感染了，纷纷对小薇伸出援助之手，这个给她钢笔，那个给课本，还有的学生叫自己的妈妈给小薇编织一件毛衣送给她，让小薇这个苦孩子，在集体的关怀里健康地成长。同时，我在学生心目中的地位也提高了，让我的学生在无形之中受到教育。一个老师只有热爱学生，才能教好他们。一个教育者要先受教育，塑造灵魂者要先做到心灵美，这是真、善、美的先决条件。

微笑面对学生，不仅可以使教师赢得学生，也会使学生在教师的微笑中学会关心、体谅和善待他人，从而微笑着面对生活。

你是上帝咬了一大口的苹果

■ 聂志虎

时光荏苒，转眼间，我走出大学校园已经快八个年头了。在此期间，完成了由懵懂无知、不谙世事的大学生向为人师表、教书育人的人民教师的转变，结识了诸多同事、友人，也送走了一批又一批可爱的孩子们。

在担任班主任工作的八年生涯中，我接触过品学兼优、优秀到近乎完美的学生，也遇到过无所事事、懒散到几近堕落的少年；教育过思想抛锚、喜欢臭美的小女生，也惩罚过身体健壮、酷爱打架闹事的大小伙儿；自然，也有让自己深受教育、感动到流泪的一些孩子，他们虽然先天有缺陷，但那种不屈服于命运、勇敢挑战自身缺憾的行为，却深深让我感动，不得不折服于他们顽强的性格。

有人说，每个人都是被上帝咬过一口的苹果，都是有缺陷的。只不过有些人上帝咬得小，而有的人却因为上帝特别喜欢他的芬芳，咬了大大的一口。把人生缺陷看成被上帝咬过一口的苹果，这个想法体现了一种达观的人生态度和一种幽默、机智。

去年接手了这个六年级的班级，从报名第一天起，就有一位特殊的小学生时刻牵动着我的心。他是一位随班就读的"小苹果"，上帝对他的这一口咬得着实有点大。他是一个早产儿，一向体弱多病，医院的小儿科成为了他经常光顾的场所。由于骨骼发育缓慢，他直到三岁才能自主站立行走。上四年级时，家人带他进行了智力测试，确定这个孩子属于智力残疾，智商值只有59。这对于全家人来说无疑是灭顶之灾，常年的疾病已经让这个家庭一贫如洗。为了维持生计，父母亲无暇顾及孩子的学习，只能培养他一些基本的生存技能。在家长的辅导下，孩子现在已经基本上能够较准确地表达自己的想法，但吐字不够清晰，与他人交流有一定的困难，生活自理能力也比较差，久而久之他形成了非常孤僻的性格，没有同学和他玩。

　　刚开学不久的一节英语课上，根据提前布置的学习任务，我要检查学生单词的记忆情况。在听写完单词收取听写本的时候，王某没有把自己的听写本交上来，我就问他："你为什么没有交听写本呢？"还没有等他说话，前排的一名男生就大喊了起来："他的作业从来就没有老师收过！"我当时就说："不管完成得好坏，每一位同学的作业都必须上交。"王某怯生生地看了我一眼，然后把作业本传给了前面的同学。在他胆怯的眼神中，流露出一丝惊讶。之后，我们开始了新课的学习，在这节课上我惊喜地发现，王某整节课都没有东张西望，自始至终都在聚精会神地听讲，虽然他大多数内容都听不懂，但是他依然非常认真。下课后我在批阅听写本的时候惊讶地发现，王某的听写本上虽然没有一个英文字母能看懂，但是经过仔细辨认，他歪歪扭扭的汉语意思却大多数都是正确的，这对于一个连书写自己名字都存在问题的孩子来说，不能不说是一个奇迹。第二节课上课铃声还没有响起，我就迫不及待地向同学们宣布了这个好消息，对王某给予了特别的表扬，其他同学都感到不可思议，向他投去了惊讶的目光，我也从他的脸上看到了久违的微笑。之后的每一次作业我都给他单独布置，让他完成一些力所能及的作业任务。每一次收作业本，我都能收到那本写得不太工整，但是非常用心的作业。每次听写单词，前排的同学也会主动把王某的听写本传上来，全班同学都已经不再认为他不交作业是理所当然的。相反的，所有人都受到这件事的影响，在心里埋下了大家都必须无一例外地按时交作业的意识。所以到现在已经两年了，英语作业本每次都能一本不少地收上来，没有人会缺。王某也逐渐和其他同学有了沟通，虽然他说话不太容易听懂，但还是有很多男生愿意仔细辨别他说的每一个字，理解他说的话，和他一起玩。他也敞开心扉和同学们交朋友，主动帮老师拿教具、开门等，与刚刚到这所学校东倒西歪默不作声的他相比发生了非常大的变化。看到他的这些进步，我真的非常庆幸自己当初的那句话，还有什么能够比孩子的进步更让老师感到欣慰的呢？

　　随班就读学生是班集体中的弱势群体，由于他们具有先天缺陷，无法像正常孩子一样学习、生活，不善与人交流，久而久之就形成一种自卑的心理。作为教师，我们应该清楚地认识到，必须尊重每个孩子，所有的孩子都同样渴望得到老师的关注，渴望得到同学的认可。因此，教师应该从细节上入手，从方方面面去关心他们，使他们看到希望。王某以前在班里几乎没有朋友，常常独来独往，同学们似乎也并没有在乎他的存在，甚至有个别调皮的男生会欺负他。而如今，他之所以变得开朗、自信起来，就源于老师不经意间的一句话。但就是这样一个在别人看来微不足道的举动，却产生了意想不到的结果，使得一个原本不善与人交流，甚至是受一些同学歧视的学生重新找回了自信。

在学校教育中，或多或少会有这样一些学生，他们的认知能力发展缓慢。作为老师的我们，不管是出于怜惜的情感，还是出于教师的身份，尽可能地帮助他们无疑是我们不可推卸的责任。我们作为教育学生的主体，最重要的就是树立学生的自信心，让这些有缺陷的孩子们有生活下去的勇气。

人生在世，什么都可以没有，但就是不能没有自信和生活的勇气。英雄和伟人最富有的就是勇气，一般人内心有时也会充满豪情，但是骨子里却常常缺乏勇气，常常在最关键的时候，在最需要勇气的时候，犹犹豫豫，畏畏缩缩，以致错过了有利时机，耽误了大好前程。

把人生的重大缺陷看成"被上帝咬过一大口的苹果"。尽管人生有缺憾，但却是因为得到了上帝的垂青。我们都是被上帝咬过的苹果，只不过上帝特别喜欢我们，所以咬的这一口更大罢了。如果用"上帝咬苹果"的理论来推理的话，王某也只是由于上帝特别喜爱，狠狠地咬了一大口的缘故罢了。

用爱心对待学生

■ 黄丽娟

时间过得真快，一晃已是一个学期过去了。回首这两年，作为五（1）班的班主任，我的身边也发生过许多小故事。这些小故事也是我教育教学过程中的一个个"小插曲"。

在班主任工作中，我秉持"要成才先成人"的教育理念，始终把学生的德育教育放在最重要的位置。我想：只要把学生往"人"的道路上指引，只要学生成了"人"，成"才"就成了学生的内需，就会出现由"要我学"到"我要学"的转变。受陶行知先生的"生活即教育"教育思想的引领和启发，我利用一切机会和场所，帮助学生树立良好的生活和学习习惯，塑造学生高尚的品德和人格，经常教育学生，要从细微处入手，从小事做起，时时事事严格要求自己。要善于从不同的人身上找到自己学习的地方，要能从生活的点滴中感受教育的力量。

在班级管理中，我十分重视学生的身体健康，注重丰富学生的课余生活，坚持刚性管理和柔性教育相结合的办法。我深知，严格要求学生，让他们健康成长是更深层次、更有意义的爱。而面对学困生、家庭困难学生、班规解决不了的其他"特殊学生"以及"特殊问题"等，又需柔性教育，以情动人。我常常和学生谈心，帮助他们解决学习、生活和思想上的难题困惑，在我的鼓舞和帮助下，学生的"问题"都能够得到妥善的解决。

在教学中，我"有教无类"，公平地对待每一位学生；"因材施教"，针对不同的学生采取不同的教育方法；坚持"授人以鱼，不如授人以渔"的原则，注重培养学生的学习能力，认真抓课前预习、课堂精讲精练、课后复习提升这些基本环节，减轻学生的负担。在教学改革中出现各种课堂"模式"，既有借鉴，又不全盘照搬。始终认为一切形式都必须为内容服务，任何好的形式都有其适用的地域和特定的情境。在教学活动中因时、因地、因教学对象、因教学内容制宜。根据学生的认知结构、所授课的内容、学生的年龄特点、学校的地域特点等情境选择合适的教学方法。

德国教育家第斯多惠在《教师规则》中提到："我们认为教学的艺术，不在于传授本领，而是在于激励、唤醒、鼓舞。没有兴奋的情绪怎么激励人，没有主动性怎么能唤醒沉睡的人。"如果一个孩子生活在鼓励中，他会学会了自信。每个孩子都是一本书，是一朵需要耐心浇灌的花，是一支需要点燃的火把。他们的心理脆弱，情绪易波动。充满爱的关怀，会改变一个学生的行为；反之，哪怕是一次不当的批评，也可能严重挫伤孩子的自尊。燕子去了，有再来的时候；杨柳枯了，有再青的时候；而岁月却是如流水一样一去不复返了。许多东西会随着时光的流逝而被渐渐淡忘，可也有一些就如同树根一样深深地扎在了我的心上。虽不曾惊天动地，但仍历历在目，感悟至深。

苏霍姆林斯基说过："只有能激发学生自我教育的教育，才是真正的教育。"有人说过这样的一句话："老师不经意的一句话，可能会创造一个奇迹；老师不经意的一个眼神，也许会扼杀一个人才。"老师习以为常的行为，对学生终身的发展也许能产生不可估量的影响。

记得在我班有一位叫震的孩子。刚来这个学校时，他不论是上课还是下课，都是沉默寡言的，作业做不上，也不思考问题，整天都是混日子。我教英语课，他的单词也背不下来。刚开始，我对他也没有耐心，后来在一次作业没做时，我叫他来办公室。通过交流，我感觉他还是很愿意学习的，就是害怕我的严厉。我意识到这是我的错，太过严厉，会给学生带来心理上的障碍，学习起来就不那么有激情，之后在我每次布置学习任务时都给学生一些期盼，同时也给学生一些耐心、信心和赞美。一个学期过去了，他还是没有太大的起色。令我没想到的是，在这学期，他似乎长大了，在课堂上他似乎没有了以前的自卑，显示出了自信，回答问题总是第一个举手，单词、句子都能记下，我真的很高兴。做一名老师应该经常回顾自己以往的教育历程，反思一下自己，我造就了多少个遗憾，伤了多少颗童心，遗忘了多少个不该遗忘的角落！做教师即使没有能力点燃火种，也绝不能熄灭火种！面对眼前充满好奇和天真的孩子们，要珍惜，更要努力让每一个孩子的心中充满阳光,让每一个孩子在爱的抚慰下快乐成长。

  班里有个学生叫翔,他经常完不成作业,我找他谈了几次话,教育他端正学习态度。他虽然表示改正错误,可没过一天又完不成作业。同学们也讽刺他、疏远他,他的情绪一落千丈,对我敬而远之,不敢跟我说话,有时在路上遇见我就绕道走。看到此情景,我心里很不是滋味,难道我就像老虎那样凶,叫人害怕吗?我反省自己的一言一行,原因就在于对学生缺乏关爱,对有缺点的学生不能耐心教育,因此,态度粗暴,教育方法过于简单。我想,对于成绩差、有缺点的学生决不能让他们掉队,其实他们更需要阳光雨露,更需要爱和鼓励。因此在教学时,我把评价纳入课堂教学的全过程,给后进生恰如其当、全方位的评价,同时恰当增加夸奖力度,欣赏后进生的点滴进步。当他们不敢发言或回答问题不完整甚至错误时,我就耐心地对待,热情地启发,给予更多的理解和宽容。比如:"请不要紧张,老师相信你能回答这个问题。"有的学生上课开小差了,我就对他说:"如果你能跟我们一起学习,我一定给你一颗星。"当学生回答问题好时,我就会说"你真会动脑筋,我们都要向你学习"或者"你知道得真多,一定很喜欢看书"。这些鼓励性的语言,点燃了孩子们智慧的火花,使他们获得了满足,体验到了成功的喜悦。温和友善,胜于强力风暴。翔现在能完成作业,上课表现也很积极。所以我觉得教师一个灿烂的微笑、一个赏识的眼神、一句热情的话语都能缩短师生间的差距。在对孩子的教育过程中,我们多么需要以上所讲的微微的南来风。

  关爱像雨露,可以润泽学生干涸的心田;信任似春风,可以吹开学生禁锢的心扉。经过反复考虑,我意识到:要想妥善解决学生中的问题,必须对他施以关爱和信任。面对眼前同样充满好奇和天真的孩子们,要珍惜,更要努力让每一个孩子的心中充满阳光,让每一个孩子在爱的抚慰下快乐成长。一种润物无声的教育方法——有心无痕是最好的。用赞赏、用鼓励,像春雨滋润万物,不需雷声,不需闪电,只要老师用爱心、耐心和诚心慢慢滋润学生的心灵。简简单单做人,踏踏实实做事,在教师这个平凡的工作岗位上,我坚持"把简单的事做好,把平凡的事做精"的朴素信念,继续为我的教育梦而努力奋斗。

爱——从心开始

■ 靳红梅

做了十五年的中学教师，我深深地悟出了一个真理：因为有爱，生命才有了存在的理由，也因此而更加精彩。

我班同学马某，是一个非常聪明的学生，但自八年级开始，上课就不够专心，有时作业不能按时完成，与同学交流也很少，显得不合群。自从那时起，我就觉得他存在一定的心理问题。但他课后有时能与科任教师交谈，喜欢上体育课，从不旷体育课，表现出积极锻炼的一面，而且学习并不落后。

到九年级时，他的纪律表现得相当松散，经常不参加大课间活动，不去做卫生，还参与打架，学习成绩也直线下降。除了体育课以外，他在教室很少和同学交流，总是趴在课桌上玩弄自己的手表，一点活力也没有。他的行为越来越令人担忧。与他谈话，他的理由几乎每次说的都一样，说自己不想好好学，学校生活没意思。

我找他多次谈话，他总是表示明天一定准时参加各项活动，但到第二天，问题依旧。我觉得他内心肯定存在什么不可告人的秘密，不然他不会表现得如此消极。我想我应该想办法帮助他，使他尽快从消极中走出来。我意识到他的这种消极，一定来自于周围环境：是沉迷于网络游戏？这好像不可能，因为条件不具备。是与同学之间的关系不和谐？还是由于家庭自身的原因？

转化这个学生还真有"师生互动日记"的功劳。看到他这种情况，我就要求和他写互动日记，刚开始，他很不配合，或是三言两语，或是应付搪塞，不能写出自己的真心话。但我每次都很认真地和他对话，尽量做到言辞平和，维护他的自尊。后来他的态度慢慢有了转变，我借机表扬他。大约一个月后的一次互动日记中，他向我吐露了心声，他在互动日记中写道："老师，这么长时间来，我感受到了你对我的关心，而我却不领情，对不起，老师，让你费心了。其实我报到时说的出生年月是假的，我现在的真实年龄是19岁。我觉得我们班的同学都很幼稚，和他们在一起没有什么好说的，即使说也是几句话了事，我在班级中没有真心待我的朋友，我很孤独。然而，等我回到家，和我年龄差不多大的同学又嫌我是幼稚的初中生，他们上网、QQ聊天、打游戏，而这些又是我们学校禁止的事情。所以，现在我在家或在校都很孤独，只有在篮球场上我才觉得自己是高兴的。因此，我回到家就是看电视、玩手机，到校上课时精神不集中，经常在课堂上打盹。我也想努力，但是当我上完高中、大学毕业时我都多大了？想到这些我就提不起精神，而我的父母也希望我初中毕业就行了……"

当我看到他写的这些话后内心特别高兴，是"师生互动日记"帮我解开了学生的心结，让我又一次走进了学生的心灵。我抓住时机多次和他沟通，在互动日记中告诉他："年龄不是和朋友交往的障碍，况且你比同学也大不了几岁，只要真心面对同学，互相帮助，是可以和现在的同学成为真心朋友的……""人在成长的过程中，只有在与人不断的交往过程中，才能增长知识、积累经验、认清自我、完善自我，才能更好地适应社会。再者，一个人的力量小，集体的力量大，和大家和睦相处能使自己身心愉悦，真正是众人拾柴火焰高，你先试着和别人交往一下看看行不行……"经过几次沟通，我发现他的思想有了一定的好转。在一次交流中，他流露出对班上王某的好感，想和他交朋友，但又不知道怎样去做。正好那次王某病了，大家纷纷打电话表示慰问。我就让他也给王某打电话，并帮他给王某写上祝福的话语发送了贺卡，给王某带去了温暖和友谊。之后他也第一次接到了同学的感谢，从中体会到了乐趣。后来他还真交了好几个朋友，学习态度变得端正了，成绩也有了上升，在2015年顺利考入了高中。

中学生正处于步入青春期心理动荡不安的朦胧时期，思想意识比较脆弱，但他们的自我人格和尊严心理却极强。我们教师虽然是教育者，但绝不可以以教育者自居，居高临下，傲视学生。爱的尊重是一把钥匙，爱的尊重和理解，往往会成为师生情感升华的催化剂，会使学生产生极强的学习动力。

"教育是心灵碰撞的艺术，只有当学生把教师视为知己、朋友的时候，心灵的门窗才会向教育者敞开。"为了了解学生的内心世界，课余时间我主动和学生谈一些他们感兴趣的话题，并把自己的一些想法和他们一起讨论。我成了他们的知心朋友，当他们心里有烦恼时，会向我们倾诉。学生对我的信任让我们之间多了一座无形的桥。

教育的复杂性、丰富性和挑战性，要求教师具有更高的灵性、悟性和激情。有人说教育是一首诗，可以是田园诗，可以是古体诗，也可以是抒情诗，但每首诗都有着不同的情调与内涵。教育工作的每一天都是新的，每一天的主题与内涵都不同，只有那些对教育事业带着美好的愿望和强烈的责任感的教师，才能充满激情，才能拥有诗意的教育生活。

爱教育，是教育力量的源泉，是教育成功的基础。理想的教师要善于发现教育的乐趣。每天，我们拥抱的都是一个崭新的太阳，面对的都是一个个前程不可估量的个体。他们当中可能会有今后的政治领袖，可能会有今后的诺贝尔奖获得者，可能……只要你精心地培育他们、关爱他们，帮助他们去找回自信、去挖掘潜力，他们的能力将是无限的。教育就是这样一个能够把人的创造力、想象力和全部能量、智慧发挥到极限的、永无止境的事业。

学生需要关爱，更渴望理解。理解是一种感悟，是一种人间情怀。思想、学识和生活经历越丰富的人，对人的理解也越深透。理想的教师应宽容为怀，用真心去理解学生，用真爱去帮助学生，用真诚去做他们的良师益友，做一个充满爱心、理解学生的教师。实践证明，尊重和爱护、启发和诱导，是转化问题学生行之有效的措施。对于问题学生，切不可动辄批评、指责，更不能动不动就向家长告状。伤了他的自尊心，结果往往会适得其反。相反，我们用慈母般的爱去温暖他那颗冷却了的心，去启迪他的灵魂，使他重新燃起上进的火花，其结果则会事半功倍。

通过与问题学生的心灵沟通、交流，我领悟到在对他们的教育问题上，教师应以爱心、耐心、诚心相待，用浓浓的师爱激励他们成长，老师的这份爱心将永远藏于他们心中，他们也会感谢老师对他们的关心、教育。事实证明，对问题学生多一份爱，少一份斥责，一定会取得好的成效。

朋友们，如果你的爱是从一个早晨开始的，就迎着朝霞去拥抱生活；如果你的爱是从一个眼神开始的，就真诚地打开心灵的窗户；如果你的爱是从一次感悟开始的，就让思想的光辉变成美化我们这个世界的花朵。为了孩子们健康地成长，让我们奉献出自己的一颗爱心吧！

莘莘学子　学业绝对不能终止

■ 方联明

从教20多年，我就当了20多年的班主任，看到了不少学生由于种种原因辍学，终止了学业，在我看来就是一种遗憾。

我刚工作时，国家还没有普及九年义务教育，其他老师赶跑学生的事情常有发生，有的老师为了提高成绩会赶走几个后进生，我却不以为然。不过有时无意之中也与这些老师为伍。

记得有一年，我班上三个学生学习上有退步，特别是思想意识上出现了散漫的情况。在晚自习时，我在全班同学面前点名批评了他们三个，我说："你们三个最近怎么不好好学习，纪律方面也明显有了退步，再这样下去是坚决不行的。"不料，第二天，三个人都没有来学校，我通知家长后，家长说他们没在家里。

后来三个学生离家出走，到了离学校近一百公里外的张掖市，最终我和三位家长到张掖，把三个学生从张掖收容所里领了回来。

由于家长在校长跟前告了我的状，学生也跟家长说了谎话，这三个学生就没有再好意思到学校上课。当时也由于我比较年轻，可能教育方式有些欠缺，致使三个学生出走，之后也没有意识到终止学业对这三个学生的危害，没有再去找这三个学生。我认为，他们来我就收，不来与我关系也不大。现在想来，也还是比较后悔的。（后来有两个学生到其他学校上学去了。）

后来开始实行义务教育，流失学生要和教师的考评挂钩，学校要求老师要去找这些流失的学生。再加上自己从教时间的增长，对学生接受完中学教育的认识也不断提高。

那是2003年，有一个学生由于父亲过世了，再加上他学习比较落后，就不来学校上课了。学校离他家有四五公里路，我和任课老师去找了第一次，他坚决不上了。第二次我们就和他的大伯联系好再给他做工作，结果他还是坚决不来上学。第三次我再去找他，找到他后，除了晓之以理之外，还说了几句狠话，并且说："你以后有了好的出路，就会感觉到老师对你的好。"最终他还是愿意跟我到学校上课。

　　这事情过去已经好多年了，我已经渐渐淡忘了。

　　可是，2009年冬天的一天，这个学生和他朋友来学校找我，并且提着两盒礼物要送给我，对我说："方老师，要不是你当年硬把我拉回学校，就没有我的今天！"原来，他当了兵，考上了特警，在新疆工作，收入也不错。有一年执行特殊任务，一个多月只奖金就发了六千多元。这件事进一步说明，学生完成学业，有时就可以改变一生的命运。

　　正如我们的校长所说："一定要教育学生努力学习，坚持学习。"因为学习是"生存的需要，交流的需要，个人成长发展的需要"。

　　在我的教育生涯中，也有两个学生，多次做工作没有劝回来。一个男学生离学校十几公里，我骑自行车跑了不止三四趟。一个女同学离学校只有两公里路，我去学生家做工作跑了有十几趟。

　　就说说这个女学生吧。初一第二学期，到期中考试之后不久，就不来上学了，我和任课老师去做工作，她是坚决不来了，第二次、第三次工作之后，她妈妈看在老师的诚恳态度，才让她来上学。初二第二学期开始，她就开始享受免学费教育。可是，不久由于家庭条件差，她又辍学了。我多次做工作才知道，是父亲坚决不让她上学了，多次做工作也无济于事。从这件事，我深深地感到，有些辍学的学生，仅仅靠老师做工作还是不够的，家长的素质也是影响学生辍学的一个重要因素。我也深深地感到，终止了学业，就是给自己的发展画了一个休止符！

　　现在，随着社会的发展，终止学业的情况又有了新的特点。这些学生多数是学习成绩后进，对学习失去信心，自己不愿意上学了。学习成绩下降的一个重要原因是一部分家长疏于对孩子的管理，玩手机和上网，严重影响学生的学习兴趣，学习成绩直线下降，对学习严重丧失兴趣，厌学、辍学越来越严重。

　　莘莘学子，学业绝不能终止。学业终止后，一是年龄还比较小，无事可做，容易和社会上的人学坏；二是接受完中学教育，岁数也大一点了，就懂事多了，走向社会就平稳一点；三是中学毕业后可以为自己的人生之路多条选择，命运也许让你发现另一番天地。所以，学生辍学问题的解决，对人的成长和发展越来越重要，需要老师、学校、家庭、社会的合作才能够避免和减少，也才能把中国教育的这一隐患逐渐消除，才能让教育的明天更加灿烂。

与学生聊天的故事

■ 王栋林

高尔基说过："谁不爱孩子，孩子就不爱他，只有爱孩子的人，才能教育孩子。"

作为与学生接触最多的人——班主任，在工作中总会要与学生进行心灵沟通，总要与学生聊天谈心。聊天的时候应该有轻松的气氛，应该以鼓励为主。记得2005年那一年我做班主任，中午吃过午饭，我班里的一位女孩打来电话，说她想取回放在我这里的手机。上学期，因为女孩在早读课玩手机，手机被我给没收了，一直放在我这里，本来想期末还给她，可是最后一天忘记了，于是一直保存到现在。女孩既然愿意来我家取，直接就还给她吧，不过约定：下学期开学不许再将手机带到学校来了。

不一会儿女孩来到我家，说真的，放假快一个月了，真的想她们了。看到女孩的到来，我真的很开心，拿出家里的瓜子、糖果、苹果，热情地招待着女孩。我们班的这名女孩是个单亲家庭的孩子，父母在她十岁的时候离婚了，而且也是留守儿童，父母离婚后她与父亲一起生活，但是父亲在外地打工，于是她和爷爷奶奶生活在一起。平时女孩很关心班级，也总是和我说一些心里话。对于这样的女孩，我的心里更多的是一份怜悯。手机还给了女孩，我们就边吃着瓜子、边聊着放假这一段时间的见闻。开心的聊天气氛，让我们都没有一丝的拘束，我们像那久别的好朋友，她谈着她的故事，我讲着我家的见闻。话语中我当然以多鼓励孩子为主，鼓励她在下学期的冲刺中努力下去，争取考上理想的学校。女孩这个假期一直很用功，作业都写完了，正在复习呢。看着孩子这么用心，我的心里开心极了。我们的聊天应该是愉快而又平和的。

这是假期我和学生的一次聊天，平时在学校的时候，我与学生之间的聊天一般也是在轻松的气氛中进行的。我们教师不能以高高在上的姿态面对学生，多尊重学生，我们才会得到学生的尊重，真诚地关爱他们才会换来他们对我们的信任！与学生的聊天场合我一般不爱选择在办公室，因为我觉得办公室里，在很多老师的目光注视下，一些孩子会觉得不好意思或者紧张，尤其是当一些孩子出现了一些心理问题的时候，我更是以尊重和保护学生为主。我们的聊天地点可以选择在走廊或者操场。轻松的气氛下，学生更愿意敞开心扉和我们说一些心里话。其实有时一些学生犯了错误不是他们故意的，处在青春期的他们有时可能是冲动，有时可能是气不过。对于他们，班主任老师要多给予理解，多给他们一些鼓励，让他们多一些改正错误的信心，让他们多给自己一些进取的力量，让他们认识到自己的不足，一点点地进步下去！

还记得在学校的时候，同样的是前面谈到的那位女孩。有一天下午刚上完一节课，课间我又和往常一样来到班级巡视，女孩走到我的面前，生气地对我说："老师，我不想念书了！"听着女孩这么对我说，我知道一定是事出有因的，我轻轻地问她："怎么了？你怎么突然间有这样的想法了呢？"女孩说了一些不太好的理由："我现在什么也不会，老师对我也不好！"听了她这么一说，我觉得有可能是今天的某一节课她对老师有意见了，不好在班级直接和她说什么，课间一共就十分钟，正好下节课是体育课，我打算利用他们自由活动的时间与这位女孩聊聊。并肩走在操场上，女孩看着不太开心，我笑了一下，问她："怎么了？是哪位老师说你什么了么？还是我有哪里做得不好的地方，让你生气了？如果我做得有不对的地方，我先向你道歉，希望你能够理解老师呀，不要轻言放弃！"女孩委屈地哭了，说有一位科任老师批评她了，而且话语还很刺耳，令她觉得难以接受。她认为那位老师有偏见，看不起她。知道了她的真实想法之后，我感觉到了女孩的委屈，对科任老师的一些做法觉得不能理解，所以才有了不想念书的冲动。既然她能和我说出来，说明她还是很需要我的帮助和鼓励的。

于是，我微笑着对她说："希望你能多理解老师吧！其实每位老师对学生都是发自内心地关爱，有时说出一些过头的话来，无非是恨铁不成钢的感觉，没有恶意，希望你们能多给老师一些支持。比如我吧，有时生起气来，不是也会说出一些比较难听的话吗？我们的这位老师，对我们班非常负责任，总是给我们要课为我们讲课，难道她不知道休息吗？为了提高我们的成绩，她付出了很多很多。老师即使说了一些过头的话，请我们对她多一些宽容好吗？另外不要轻易说不念，知道吗？当你说出这句话的时候，我的心里会很难过的，你们都是我最好的朋友，我不希望我们班级少了你们中的哪一位，希望你们陪我一起走过三年美好的时光，好吗？"听到我这么说，女孩也抬起头来看看我，点了点头，对我说："老师，也许我也有做得不对的地方，以后我一定好好学习，不轻易说不念了，您放心吧。这几天我也是心情不好，情绪有些激动，希望您不要在意呀！""我怎么会呢？如果你和那位老师有矛盾了，希望你能够主动去和老师承认一下错误，好吗？那样的你才是最让我开心的你了！相信你一定会处理好和每位老师之间的关系！相信你一定取得越来越大的进步！"

"好的，老师，您放心吧，我现在就去！"轻松的气氛中，鼓励的主题下，女孩的心理问题得到疏导，女孩的辍学念头打消了，有什么能比这样的师生聊天更让我觉得作为一名班主任是多么幸福和满足的呢？和学生之间的聊天，依然会是在轻松而又愉快的气氛中进行的，相信孩子们一定会越来越信任我的！

轻松的气氛、鼓励的主题，一直是我与学生聊天时追寻的原则，我也会一点点摸索更好的聊天方法，相信我也会与孩子们一点点地进步！

小老师们

■ 许丽娟

上课铃声终于响了,我满怀激情,拿着写满新点子的教案走进了教室,看着同学们无精打采的样子,我有点泄气,但我还是兴冲冲地对同学们说:"今天我们来上一节不一样的化学课。"同学们都抬起头用疑惑的眼神看着我,心里肯定在想,老师又在捣什么鬼呢。我狡黠地看了看他们,就开始上课了。

我首先把学生练习卷发下去(未批阅),然后我说明了本节复习方案:"今天我荣升为'教导主任',请同学们以'老师'的身份,对练习卷进行交换评阅。阅卷过程中遇到的疑难问题,小组解决,难度过大的上交由全体集思广益进行破解,比一比看哪组阅得快,解决问题多。"学生们异常兴奋地听完我的方案,对此表现出极大的兴趣。刚刚还没精打采的学生们像打了兴奋剂一般活跃起来,开始阅卷、小组讨论,每一个学生都积极地参与,看着这"不安静",甚至有些"闹哄哄"的教室,我的心里泛起一股成功的喜悦和幸福感。由于卷子上的题有a、b、c、d拓展提高四个梯度,各个小组解决的程度各异。我不断地巡视、观察,很快三十多分钟过去了,学生基本完成了阅卷任务,上交问题很少,最后对于共性问题我给予点拨。这样做是把学习机会留给了学生:一是保护学生学习的积极性;二是鼓励学生发现更多的解题思路和方法,不会的学生通过看别人的做法,理清自己的思路,选择适合的解题方法,优秀的学生可以拓宽自己的思路;三是体现同伴互助,有些学生阅卷有困难,必须请教其他学生完成;四是比赛可以促进团结合作,培养学生集体意识。下课后同学们仍沉浸于刚才的气氛中,围着我说个不停。

本堂复习课打破了以往复习课沉闷的局面,充分调动了全体学生学习的

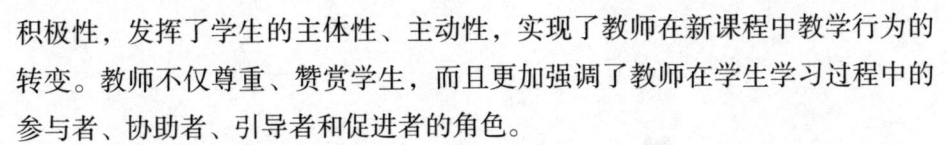

积极性，发挥了学生的主体性、主动性，实现了教师在新课程中教学行为的转变。教师不仅尊重、赞赏学生，而且更加强调了教师在学生学习过程中的参与者、协助者、引导者和促进者的角色。

本节课在生生、师生的互动中顺利地完成，从学生回答问题的情况看，不同层次的学生都有一定的收获。如果教师预先把普遍存在的问题，从多角度变换，再结合多媒体实物投影进行拓展，效果会更好。

本节课是在对前几节课总结的基础上，经过事先的备课形成的。课堂更多地体现了新课程理念，充分调动了学生的积极性和参与欲望，收到了预期的教学效果。反思这堂课：教师讲得少了，学生的活动多了；师生单向的交流少了，学生之间、师生之间的互动和合作多了；简单机械的重复劳动少了，学生探索规律、讨论方法的时间多了。学生真正成为学习的主人，学生不仅积极地参与每一个教学环节，情绪高昂，切身感受到了学习的快乐，体验了成功的喜悦，而且不同的学生得到了不同的发展，满足了学生求知、参与、合作、表达、交流的需要。

通过这样一节复习课，我认真地审视自己平时的教学：每节课前要精心备课，进行教学设计，力求设计新颖，尤其复习课更要经常变换教学方式，不断出新点子、新模式，使学生始终处于学习的兴奋状态，如对较简单的基础知识可以进行"希望杯"知识竞赛，评选"希望之星"，并适当给予精神或物质奖励。还可以走进实验室进行以实验为主的复习课，增强复习课的趣味性。面对新课程、新教材，教师只有在实践中不断思索、改进、创新，才能使课堂教学焕发生命活力。

我的孩子们

■ 裴玉芳

在烦恼的时候，总是孩子们带给我快乐。静下心想，拥有一颗童心真的很重要。没有利欲概念，没有得失计较，拥有童心就拥有了净土！

参加完学校组织的庆祝活动已经很晚了，带着学生们给我的荣誉，我回家了。刚走进楼门，一大伙学生一下子围上来把我包围。"老师，我们等了你两小时了！""老师，节日快乐！"我打开门，让他们进来。他们却挤在门口，齐声用英语说"教师节快乐！"我笑了，他们这才走进门，嘻嘻哈哈地送上一大堆礼物，什么音乐盒、相册、小动物等，最珍贵的是一个装满小小千纸鹤的玩具瓶子！"老师，这是我们自己折的，每人一个！"我被他们感动了！班长送上一个礼物盒："老师你亲自打开！"我打开精心包装的礼盒，是他们精心制作的贺卡，还有一封信。"老师，读读吧，是我们商量好写的！"我读出来："老师，你辛苦了！谢谢三年来你的亲切教导，让我们长大成人，有时我们很不听话让你生气，我们知道错了。老师，节日快乐，希望你笑口常开，永远快乐永远美丽！谢谢你，我们的好老师！"

读到这里我真的感动了！谢谢你们，孩子们，老师有时候也不应该发脾气。孩子们在房间里随便玩起来，不像往日课堂上那般拘束，和我什么都说，还讲起了给我买礼物的经历，家里的小秘密等。在儿子的小黑板上，他们画了一幅画：一颗红心，好多笑脸，还有英文的节日快乐、我们爱你等字样。看着他们无拘无束地聊天和玩闹，儿子和老公也被感染了。这些孩子真有意思！是啊，平时我只知道上课、批评、布置任务，却很少和他们这样交流和玩耍。孩子们的心，真的很纯净！我不由地被自己平时的疏忽而内疚！谢谢你们。我的孩子们，是你们给我成功的幸福，是你们给我快乐！

爱的进行曲

■ 石晓萍

陶行知先生曾说:"爱是一种伟大的力量,没有爱就没有教育。"爱是教育最有效的手段。

我毕业后顺利分配到了一个小镇上的一所中学任教。说实话,刚进入这个陌生的环境,我不是很喜欢这所偏僻的学校,但又不能违背家人的意愿,所以就"勉强"来到了这里。

我任教的是信息技术课。当我第一次进入教室时,全班六十双眼睛齐盯着我,这让一向内向、羞涩的我有些不知所措。幸好此时有班主任老师"引见",他好像看出了我的不安。在我耳边悄悄说:"不要紧张,看着学生。"然后,他向同学们介绍了我,又让班干部做了自我介绍,这样我对这个班级有了一个大概的了解。在这段相互了解的时间过后,我紧张的心情似乎得到了平静。我开始环视教室的每一个角落,我发现每一双眼睛里都流露着一丝兴奋与喜悦——他们似乎很欢迎我的到来。

第二天,我怀着紧张而又企盼的心去上我的第一节课。还未进入教室我就听到了学生嘹亮的歌声——"静静的深夜群星在闪耀,老师的房间彻夜明亮……每当想起您,敬爱的好老师……"伴随着悠扬的歌声,我踏上了讲台。可是在我说出"请坐"之后,同学们并未坐下,这让昨日的紧张心情又重新袭上心头。我努力从他们的脸上寻找答案。我看到:他们个个脸上似乎挂着一丝淡淡的笑意,此刻的我心情渐渐平静下来了。这时我看见教室的后边有一个身影正缓缓向前移动。原来是班长,"他想干什么?"我心里嘀咕着。正在这时,我看见他把手里捧着的小礼盒举了我的面前,我下意识地接过了礼盒。"老师,节日快乐!"这时,全班学生齐声喊道。此时的我才恍然大悟，原来今天是教师节。顿时，我的眼眶里涌出了激动的泪花，这泪花中蕴含着太多太多。

在我眼里的这群毛头小孩儿竟然如此懂事，我这才明白：他们年纪虽小，但他们的"礼"并不小。我被"小小"的他们那"大大的礼"感动了。

我强压住内心的激动，上完了我的第一节课。回到办公室，我仔细看了看这个礼盒，淡蓝色的包装纸包裹着一个方形的盒子，上面系着一个红色的蝴蝶结。我小心翼翼地打开了这个"精致"的礼盒，想知道里面到底会是什么东西——原来是一只可爱的小狗。我心想：淡蓝色是我最喜欢的颜色，狗是我的属相，他们是从哪里知道这些的？我静下心来，在脑中努力搜索着答案。原来是昨天做自我介绍的时候，我将这些信息无意之中透露给了他们。内心的激动再一次涌上心头：他们真有心啊！我说的每一个字，他们都在认真地听着。可以想象，他们在选这份礼物时是多么用心啊！

我突然发现自己爱上了这群细心、可爱的学生，他们每一双眼睛背后都隐藏着一颗火热的爱心。

用青春和热血哺育桃李

■ 李之林

古人云:"投之以桃,报之以李。"我的理想,我的付出,我的奉献,本不需要回报,但我却在十几年的班主任工作中读懂了"我爱学生,学生爱我"的真谛,品味到了"千教万教,教人求真"的甘甜和快乐。我深知作为一名班主任,我要扮演各种各样的角色:我是管理者,也是引路人;是良师,也是诤友;是慈母,也是严父。多年来,我一直对我的工作从严要求,坚持不懈地学习理论,更新和充实自己的知识,更从班主任工作实践中积累经验。

初中的班主任,工作琐碎而繁重,学生都是寄宿生,他们的衣食住行、吃喝拉撒,事无巨细,点点滴滴,班主任都得操心。一上班,从星期一到星期五,从清晨到深夜,我坚持比学生起得早,比学生睡得晚,每天工作一般是十一个小时,繁重的工作虽然很累,但是我认识到:作为班主任,对家长,我们代表着学校,肩上扛着责任;对学生,我们代表着家长,双手履行义务;我们不可能干出惊天动地的业绩,但我可以为教好学生付出一颗爱心,为孩子们的健康成长做出我的奉献。

2015届毕业生张某父亲瘫痪在床,家里只靠母亲维持生活,家境十分贫寒。当严冬来临时,学生们早就穿上了轻松保暖的棉衣,可张某进到教室却冻得脸色煞白。我仔细一看,原来零下2度的天气,他还没穿上棉袄。我看在眼里,疼在心中,默默对自己说:"假如她是我的女儿,我能眼看着她挨冻吗?不能!"我不假思索地把我妻子的新棉衣拿出来给她穿上,当看到张某穿在身上的棉衣十分合体时,我心中充满了喜悦,而此时的张某再也抑制不住自己的感情,眼眶中泛起了泪花。

2008学年，学校领导安排我担任七（7）班班主任，这个班升学时的语数成绩在平行班中全部都排在最后。更糟糕的是几天下来，我发现班上大多数学生对于学习或其他活动，都兴趣很低落，总觉得自己肯定比不过别人。怎么办呢？记得有人说："自信心是成功的基石。"于是我就从重塑孩子们的自信心开始做起。每次，我总能从一些平凡的小事中看到孩子们的闪光点并及时鼓励表扬他们。

　　我经常利用中午休息和放学后值日的时间与学生亲切交谈。特别是对那些失亲生，询问他们跟谁生活，继父或继母对自己好不好，从多方面注意给予他们以温暖的关怀。还经常拿钱给那些忘记带午饭钱的孩子买饭，并且我每次开药的时候都特意多开一些常用药放在讲桌里以备应急。久而久之，我们师生之间已建立了深厚的感情。记得有几名同学在与我交谈时竟无意中称老师为"爸爸"，而淘气的男同学趁此发笑时，一名同学竟理直气壮地说："本来老师就像爸爸嘛！"多么幼稚而又质朴的话语啊！几分耕耘，几分收获，从孩子的话语中得到回报，从家长的言谈中得到安慰。记得有一天中午，一个女同学的家长来校送伞，他对我说了这样几句话："我女儿在家常说你好，你不轻视父母离异的孩子，孩子交给你我放心。"还有一个女生，她父母因性格不合而离了婚，她的母亲在办完离婚手续之后立即来到学校，含着眼泪对我说："李老师，孩子交给你了，老师胜过父母，请多照顾，我不多说了，还要马上回去取东西。"一个刚刚办完离婚手续的母亲第一个要嘱咐的不是和孩子一起生活的父亲和奶奶，而是我——孩子的班主任老师，可见我们班主任老师在学生家长的心目中占有多么重要的地位，那我们还有什么理由不去关心、爱护那些本来应该得到爱，而又无法得到全部爱的孩子们呢？

　　学生小伟，从小任性，好打架，经常仗势欺人。一次他把外班学生脑袋打坏，当时外班班主任考虑到他父亲是乡干部这层关系，说原谅他。当我知情后，绝不同意，主动将张伟的父亲找来，当着他父亲的面非常严肃地对他进行批评教育，并且领他父亲到打人现场看被打学生留下的血迹，随后又向学校报告了打人事件，要求给予该生从严处分。这件事在学生中反响很大，使打人的学生和其他学生都深刻认识到，不管家长是什么身份，都不许胡作非为。后来，这名学生有所收敛。但不久"旧病复发"，又开始欺负本班学生，情形相当恶劣。我毫不留情地当众予以严厉批评，并再次申报给该生处分。当时，小伟有些想不通，想转学，一走百了。我知道后，直言不讳地告诚他父亲："孩子转学可以，你也有这个能力，但你想过没有，这样会更促使你的孩子仗势欺人，发展下去后果不堪设想，从我个人私心考虑，我举双手赞成他走，这样我可以省心。但为了教育孩子，我觉得他不能转走。让他在哪摔倒就在哪爬起来，将来做个对社会有用的人。"经过一番开导，张伟父亲同意了我的意见。从那以后的头些天，我对他实行冷处理，然后再百倍地关心他、呵护他、教导他，对他实行热处理。在这种严父慈母般的人格力量感化下，小伟渐渐变了，和从前判若两人。这名有劣迹的"差生"终于变成一个品学优良的"优生"。事后，很多人问我用什么办法使这个顽劣的孩子发生转变。我说："实际上就是严中有爱，爱中要严，宽严相济。"

弹指一挥间，二十多年过去了，我在班主任这块教育园地里辛勤地耕耘，默默地奉献着，取得了较好的工作成效，受到了学生的爱戴、家长的好评、领导的肯定和同事们的赞许。本着对事业的痴心、对学生的爱心、对工作的热心、对未来的信心，我将继续在教育岗位上兢兢业业、无私奉献，我愿"丹心化作春雨洒，换来桃李满园香"。

记忆中的碎片

■ 冯 军

从教十多年，我的教育故事可以说不胜枚举，可是要写出来，却如挤牙膏，脑袋里闪过无数的画面，却怎么也抓不住。那就一点一点"挤"吧。

一本"作文书"，梦的开始

前几天，和以前教过的一位现在也当老师的学生聊天，他说："您还记得吗？初中时，您给我们出过作文书，我们班的作文书！"

怎么会不记得呢？

那是十多年前的事了，严格地说，那就不叫作文书，只是我将班上学生的优秀作文收集起来。作文是学生手写的，我自己写了篇序，标了页码，排了目录，装订在了一起。说白了，就是一个作文本。

可是学生说到此事时候，一脸激动："那时候家里穷，一个班也不见一本作文书，老师你居然把我们自己写的作文编成了一本作文书，入选的同学都高兴疯了！"

"我还清楚地记得，你那时买了稿纸，"他说，"入选的作文，你又提了修改意见，让同学们修改好，然后很工整地抄在稿纸上。"

当时的细节怎样，现在我确实是忘记了，好像是当时一时心血来潮做的事。学生却记得如此清晰，着实令我汗颜。

我为学生打开了一段寻梦之旅吗？

十篇空间日志，爱的播撒

这是2009年6月的事了。

那一年，是我第一次从七年级一直带到九年级，送出去一届学生。正是由于这个"第一次"，面临毕业，我满是不舍，于是就在空间里用"中考倒计时"的形式记录了中考前十天的点点滴滴。

黑子在《中考倒计时之三》中评论："彼时，我们正年少，带些懵懂，带些无知。"

"此时，我们要告别那段青涩的日子，因为，老师，是你们让我们懂得生活需要感念，人生需要感恩。在你们身上，我们看到了一种真诚的爱，无关名，无关利，那是用您的青春来让我们的青春绽放得更美好，那是用您的辛勤耕耘来为我们的人生保驾护航。"

佳慧在《中考后记》中评论："看到这些，久违的泪水又不受控制了。并没有不舒服，有的，只是感动和自责。"

流云说："我永远会记得九（2）班。"

下面录《中考后记》全文：

中考结束了。

进城"赶考"的这几天，我和你们在一起，一起经历了炎热、蚊叮、失眠、焦虑，当然也有开心。

中考结束了。

送你们坐上车，我的心里很失落，从此就要和你们分别了。我不是悲观的人，但失落仍然久久地占据我的心。

中考结束了。

你们将继续你们的征程，追逐你们的理想。

中考结束了。

我会高兴地祝福你们：一路保重！梦想成真！

中考结束了。

我们之间的点点滴滴成为我心中的回忆。

中考结束了。

你们今后的点点滴滴成为我心中的牵挂。

中考结束了！

其实，我并没有给学生多少，我得到的却有很多很多。这是爱，我只付出了一点，却温暖了我此后的岁月！

后记：

有一位老师在他的QQ个性签名中这样写道："边走边看，边看边学，边学边教，边教边成长。这就是我的人生了。"

这也应该是我的签名，更应该是我们这样一种特殊职业的人们的签名。我们不求大富贵，只求内心安。

开启寻梦之旅，播撒爱心之种，传播美丽之花，这是我们的教育故事中的永恒主题！

爱的进行曲

■ 邢宗明

捷克教育家夸美纽斯指出:"兴趣是一条创造欢乐和光明的教学环境的主要途径之一。"俄国文学泰斗托尔斯泰说过:"成功的教学所需的不是强制,而是激发学生的兴趣。"由此可见,体育教学中激发学生学习兴趣是何等地重要。很多资料表明,现在的初中体育教学中,如果上课内容枯燥、呆板,不能激发学生的学习兴趣,确实存在着为数不少的学生,有消极行为倾向。初中学生正处在一个特殊的成长阶段,思想日渐成熟,在学习中会选择自己感兴趣的内容,因此,作为初中体育教师的我在教学中也必须从学生的兴趣入手。大家先来听听我在教育教学中的一个小故事吧。

一节体育课刚刚要上课,好几个学生围着我问:"老师今天体育课上什么?""老师让我们活动吧!"又有学生说道。"打篮球!我们要打篮球!"……我一听他们七嘴八舌的就来火,大声吼道:"嚷什么?体育课也是课,你们想上什么就能上什么吗?这节课继续练习跳绳和素质练习!"学生一听,看情况不妙,纷纷离去。我通过学生离去时的表情可以看出,他们个个带着失落和不快。看着学生离去的背影,心想:"如果学生把这时的情绪带到课堂上,能认真上好课吗?"随着上课铃声的响起,我带着沉思走向操场巡视。

做完准备活动后,我下达任务:按以前的教学分组,开始练习跳绳。当我巡视到第三小组时,看他们个个懒懒散散的,有几个就是刚刚下课询问我的学生。我就问道:"怎么不认真练习?都达标了吗?"一阵沉默过后。"老师,我要和你比跳绳!"一个学生用挑衅的语气说道。我先是一愣,然后爽快地答应下来,心想:"这难不倒我,他平时练习跳绳时,跳得也不好，我肯定不会输，借此机会教育教育他……""我们比双摇跳绳！"那个学生又说。"啊！"我惊讶了"比双摇……"由于长期应试教学的影响，我的双摇技术多半荒废了。"这下惨了！"我寻思，转念一想："有了……"比试结果我输了，不过我没生气，笑着表扬了那位同学："你的双摇技术真好！我们要好好向你学习，我以后练习好后再和你比试，一定能超过你！"那学生愣愣地看着我，不知所措……"不过你的单摇跳绳技术要加油哦！我们上课的教学内容是单摇，你要努力认真练习单摇，我要认真练习双摇，看谁进步快。另外中考体育考试要求的内容可是单摇跳绳哦！等大家都达标后教你们打篮球。""好！我一定也不会输！"学生好像明白了什么，大声回答。后来，经过观察，那组的学生练习得很认真。在技能展示时，他们多数达到了标准要求，以后的素质练习也很努力、刻苦。

通过这个故事可以看出：学生是可教的，就看教师怎么引导了。教师在教学中应想方设法为学生提供自主学习的机会，但也不能忽视学生的需要和情感的体验，使学生在教师的引导下潜移默化培养自主学习的能力，使学生们的身心得到全面、协调的发展。

第三辑

聆听花开的声音

真心成就学生人生

■ 王大金

　　管理一个班级就如同管理一个小社会，受家庭生活环境和自身活动范围的影响，学生的脾气秉性也表现得各具特色。当然，无论是什么样的学生，只要我们对待学生有爱心，辅导学生有耐心，教育学生有诚心，一心一意善待每一个学生，在教育教学上一定会喜获丰收。

——题记

　　燕子去了，有再来的时候；杨柳枯了，有再青的时候；而岁月却是如流水一样一去不复返了。从教多年，在讲坛上不断地上演着自己的教育教学故事，许多都已随着时光的流逝而渐渐淡忘，可也有一些就如同树根一样深深地扎在了我的心上。虽不曾惊天动地，但仍历历在目，感受颇深。

　　记得那是2008年的秋季，当时我担任七年级一个班的班主任。班里有个学生叫尧，分班时他在班上的成绩位于中下游。原本我对他并未在意，然而在一次学校组织的校外实践活动中，一路上，同学们骑着车排着长长的队伍有说有笑，唱着歌儿兴高采烈地行进，一路歌声一路欢笑，唯有尧远远地落在队伍的后面，慢悠悠地骑着车心不在焉，与其他同学的表现格格不入。这是典型的性格孤僻。以我从教多年的经验来看，这个学生一定有什么心结，他的心里一定隐藏着许多东西，如果不解开这个心结，对他性格的形成和今后发展是很不利的。

　　于是，我有意慢慢接近他，并抓住契机，适时地和他交谈。原来，他确实是有心结的。他说他在小学四年级以前本来成绩很好的，有一次他因贪玩导致期中成绩大幅度下滑，父母责罚他，而当时很喜欢他的班主任也一反常态，当着全班学生挖苦他，打击他。他就觉得在同学面前抬不起头，在老师眼里自己没用，从此，他变得自卑，不愿再和任何人交流沟通。

听了尧的述说，我半开玩笑地对他说："你觉得我是不是也像你原来的班主任？"尧想了想，摇了摇头说："你不像，如果你也是那样的老师，我一定不告诉你这些。""是的，那你现在感觉怎样？""好多了，我会记住你的话，我也一定会去和同学搞好关系，相信我，我会把成绩赶上来的。"我肯定地点了点头说："不需要怀疑，你本身就是很棒的。"

是啊，又有谁会对别人的关心而弃之于不顾呢？尧同学可以说是认同了我对他的关心，也因为我无微不至的关怀，才化解了他心中的坚冰，使得他重新找回了自信。在去年高考结束后，尧来电话满怀感激地告诉我，他以优异成绩考入兰州大学，现在还因性格开朗，组织能力强被选为学生会干部。

作为一个教育工作者，一个热爱学生的班主任，应以赏识的眼光和心态看待每一个孩子，善于发现他们的闪光点。也正是老师对他的信任、尊重、理解、激励和宽容，才使他找回了自信。教育学生是一种"慢"艺术，不应急于求成，这就需要教师有足够的耐心，在平时的工作中细心观察，发现了学生的错误，坦诚地和他交流，学生是能够接受的，这也有助于他性格的塑造和健康成长。

触及心灵深处的教育

■ 王永锋

时光飞逝,花开花落,新学期开学了。我感慨时光的匆匆,更坚定这份职业带给我生命的充实。

发生在我和学生之间的故事,一个个随着岁月之河流走了,流不走的总在记忆的深处让我时时想起,时时提醒自己。

作为一名教师,我们每天不厌其烦,循循善诱,教育学生,传授给他们知识,我们深感问心无愧,然而我们又忽视了什么?你是否透过那一双双稚气的眼睛看到他们内心的焦灼不安?你是否用自己的爱心抚慰他们因生活变故而备受创伤的心灵?你是否用自己的力量帮孩子拨开蒙在他们心灵上的迷雾?

班级中有多少"问题学生",他们或自卑、或偏激、或压抑,他们需要沟通,然而我们又做了什么呢?有人说:"教育首先是关怀备至地、深思熟虑地、小心翼翼地触及年轻的心灵。"这句话,让我牢记心间,久久深思。

有一件事让我难以忘记。一次通过批阅学生的周记本,我发现学生在周记本上反映班内有男生吸烟的现象。作为班主任,了解到这个现象,我自然是高度重视,在班级内展开了规模浩大的调查,并在班会课上说到要严厉惩治这些学生。一时班内人心惶惶,我也决定要将这件事一查到底。就在这天晚上,我的手机收到了一条短信,内容是这样写的:"王老师,我们这次是不是犯了一个不可饶恕的错误?我今天想承认,但没那个勇气。"看到短信,我知道是班内某个抽了烟的学生发的,我便回复道:"要勇于承认错误。"过了好长一段时间,手机再没有响起。我有些失望,这时,手机又响了,我打开一看,又是那个男生发的短信:"我检讨,王老师,对不起,让你生气了。我们今天一不小心犯了校规，不过我真不是故意的，谢谢你的理解，抽烟的还有方某和秦某，我们当时只是好奇，你能原谅我们吗，我们知道错了，我保证以后再也不会出现这样的事情，我以后注意，坚决不会出差错。我是殷某。"看到短信，我心中的气顿时消了一半。是啊，学生毕竟还小，他们犯错是正常的，应该给他们一个改正错误的机会。我便回复道："谁都会犯错，只要能正视错误，勇于承认错误，老师会给你们一个机会的。"过了一会，短信又发过来了："谢谢老师的理解，我们一定会谨记。"此后，由于学校举办运动会比较忙，我便没再深入调查这件事，打算等运动会过后再处理。

　　运动会期间，学校要举办"心灵的氧吧"问题学生培训班，在这天晚上，我又收到了一条短信："你是王永锋老师吗？"看到短信，我很好奇，便回答是，过了一会，手机又收到短信："我是……不想说，今天副校长问各班班长，班里有没有抽烟的同学，你会把以前的事上报学校吗？我们是有过，但我们改了，真的改了。课上，请你……"我知道了这是上次某个抽过烟的学生发的，我便回复道："如果你们真的改了，我可以考虑。不知道班长给校长上报了没有？"过了一会，收到的短信写道："好像还没有，我们再不犯，你真的不再追究那件事了吗？"由于要开会，我便关闭了手机，没再回信。等会开完以后，我打开手机，又有一条短信："你不愿意说，算了，我知道那不是我们该干的事，是我们做得太过分了，我要是老师教出这样的学生我也很失望，我理解，我们现在已经痛改前非了，以后我们会好好表现的，谢谢你，王老师，你给了我们好的机会，我想说我并不是一个不听话的孩子，这会也不早了，我知道老师一天很辛苦，不打扰你休息了，就这样吧，我想我也问到了我想知道的，我也还要学习，就不说了，以后有什么事再说吧，不好意思，打扰了。"看完短信，我感到非常的欣慰，多么懂事的孩子啊，以往的班级管理中，只要犯错，我总是当时就把违规的学生留在教室或是办公室了狠狠批评一通，以儆效尤，再借此好好整顿一次班风。没想到这次的手机交流，也能起到相同的效果。甚至比以往的教育效果要好。自此以后，我发现班里一些平常调皮的男生，那几周不管是学习还是做卫生，都格外地卖力。班风一下子比以前好了许多。同时，我的手机上也总能收到学生发来的短信，手机成了我处理班级事务的重要工具。

　　教育是神圣的，作为人类灵魂的工程师，宽容大度地对待每一个学生的错误是何等地重要。教育更是神奇的，许多不争的事实说明：一次偶然的教育机会可以改变一个学生的一生。作为辛勤的园丁，又怎能随意错失这来之不易的教育机会呢？朱永新教授在《新教育之梦》中写道：爱心无价！无论做什么事情都要有一颗爱心。没错！我们理应放下我们对许多学生的成见，细心地去关爱每个学生，让他们都能充分享受到老师的爱，都能在老师爱的滋润下茁壮成长。

最后，乌夫斯基曾经说过：教育应该是一门面向全体学生的教育。我一定会总结经验教训，对每一位学生都付出我最真挚的爱心。

让爱永驻学生心田

■ 刘永幸

年华似水，岁月飞逝，回首相视，我竟已在教育这个行业里耕耘了二十七载。

二十七年的工作中，我相信只有无私地奉献爱，处处播撒爱，学生才会在爱的激励下不断进取，成长为撑起祖国一片蓝天的栋梁。

在2010年，由于原班主任工作调动，我接任八年级（2）班班主任。当我来到这个班时，心理压力非常大。因为，我事先了解到这个班的成绩相对来说不错，并且前任班主任又是以性格温和而出名的冯国宏老师。学生是否能很快接受我这个性格急躁的班主任，还是一个未知数。果然刚开始几周，学生抵触情绪很大，我与学生的关系很紧张。这时，我的灵魂与心灵受到强烈的冲击，要想当好这个班主任，确实有一定的难度。数周工作下来后，我逐渐意识到，要想做好他们的班主任，首先必须相互沟通。为此，我特地开了一次班会，告诉学生每个老师有自己的管理办法，都有一颗热爱学生的心，只不过方式方法不同罢了，每个老师有自己的长处与不足，我以冯老师和我为例进行了说明。通过这次班会，我和学生拉近了距离，以后学生有什么话都会告诉我。在相互沟通基础上，拥有爱每位学生的心是管理好班级的重中之重。

作为一个班主任，我接触班级学生的时间最长，生活在学生中间，与学生倾心谈话，深知学生需要教师的关爱。而喜欢得到这种师爱的并非是一个或几个孩子，而是全部学生。我在平时喜欢与学生拉家常，如"你在家最喜欢做什么？""你们家种多少地？"再如，学生每次生病，我就派几个同学送他们去医院，比较严重的及时告知家长，不管迟早，每次总是等他们回来，把情况告诉我，我才离开办公室。有时学生生病请假了，打一个电话问问病情。平时，我还喜欢和学生开玩笑，正如学生所说的，我很"可爱"。与学生交谈沟通，让学生感受到我发自内心朋友式的友情、家人般的关爱，从而搭起了我与学生之间的感情桥梁。遇到问题，学生乐于接受我的教育、引导。

把爱心给了学生，学生喜欢你，学生也信服你这个班主任，班级就好管理了，学习的效果当然好。

如今这个班的学生无论上大学的还是步入社会的，每逢开校或者重大节日时，他们都会给我打电话或者在QQ上留言，对我问候一声，这让我感到无比欣慰。这样的经历有许多。

二十七载的教育生涯，我经历了喜怒哀乐，也品味了其中的酸甜苦辣。我无怨无悔，悲在其中，也乐在其中！

感悟转化

■ 公吉波

十年来，为达到一个好老师的标准，我处处为人师表，以身作则，时常严格要求自己。在讲坛上不断塑造和挥洒的同时，上演着自己的教育教学故事。

2014年的秋季，刚刚送走了一届初三的学生，学校给我安排了七年级一个班的班主任及数学课教学任务。其中有一个学生引起了我的注意，她叫然，分班时，在班上她的成绩是本班第二。期中考试，我发现她成绩下滑得相当快。对于一个各方面基础都很好的学生，考出这么不理想的成绩，家长、学生、老师怎么都想不通，不能够接受。以我多年从教班主任的经验来看，这个学生一定有什么心结，她的心里一定隐藏着许多东西，如果不解开这个心结，对她的发展是很不利的。我先找她身边要好的同学寻求答案，果然，她不只有一个心结：青少年时期早恋，而且是和本班一位同学，这种现象严重地影响了她的心思和情绪；还有和亲人之间的关系处理不当。

早恋现象，在班里会造成一定的影响，会把好不容易建立起来的班风和学风摧塌。担心影响到每一个孩子的成长，作为班主任，我利用班会课及时开展青春期教育，让他们正确认识青春期，能够保证班级整体的雏形还在。然后我慢慢地接近她，给她耐心地做思想引导工作。刚开始，她羞于启齿，但当发现我对青春期问题不逃避、不保留任何说法时，她觉得我和她没有很大的代沟。在与她的沟通和每次的周记评语中，我都给她鼓励和指导，让她及时了解了青春期的生理和心理现象，她很快摆正心态，不再沉迷早恋，一心投入学习，自己和自己展开了较量。

而在家庭矛盾的处理上，我发现虽然她的家庭环境很不错，但家长对她的期望太高，时不时的拳脚教育方法引起了孩子的逆反心理，导致她和家长疏远了关系。我一方面好多次利用手机或者面对面和她的家长交流，另一方面给她做思想引导，两方面都做好思想工作。逐渐地，她与家长的矛盾也消除了很多。在临近期末考试时，我又一次专门找然询问学习情况，她告诉我会考到班级前十五名。在考试结束后，然考出了让我和她的家长都没有想到的结果——班级第一。此时的我是最高兴的，然和她的家长也是最高兴的。期末家长会时，然的家长握着我的手好长时间不放开，郑重地对我说了一声谢谢。我感觉到无比地兴奋，这种心情激励了我一个假期。这件事告诉我，及时的引导会转变一个人的命运，我做到了，我感觉我也是一个好老师。

　　教育学生不是一朝一夕的事，是一项长期的工作，这就需要足够的耐心，在平时的工作中细心观察，发现了学生的错误，坦诚地和他交流，学生是能够接受的。希望广大教师，能够及时发现孩子的亮点和问题，及时帮他们转变，早日把他们引导到正道上。在感受他们成功的同时，自己也会体验到教育的最大意义所在。

一颗爱心　托起未来

■ 王丽娟

我不是诗人：不能用漂亮的语言赞美我的职业；

我不是学者：不能用深邃的理论诠释我的价值；

我不是歌手：不能用动听的歌喉咏唱我的岗位；

我只是一名普通的乡村教师：我用我的爱心去呵护每一个纯真的心灵。

五年前，我踏上讲台。还依稀记得刚进中学任教时的情景，领导们关心的话语，同事们热情的问候，学生们好奇的眼神，都令我感到非常的温暖。展现在我面前的是一条崭新的道路，我一定会尽我所能地将这条路走好。为把自己的工作做得更好，我虚心向领导、向同行求教，共同探讨教育方法，时刻反思自己的不足，利用住宿时间学习业务知识，为自己的头脑充电，力求把工作做得更好。

我第一次到八年级三班上课时，学生们对我这个新来的老师非常热情，争先恐后地做着自我介绍，有的说自己爱好画画、有的说自己爱好打篮球、有的说自己爱好音乐……直到最后一排的一个女同学时，她站起来半天都没说一句话，我轻轻地问："这位女同学你叫什么名字？有什么爱好呢？"她仍然看着桌子一言不发，不知谁说了一声："老师别问了，她叫梅，她在小学就什么都不会。"而她则好像没听到一样，我灵机一动说："'梅'，好名字，老师希望你像你的名字一样能做一枝盛开在严冬里艳丽的梅花，你会成为你妈妈的好女儿，老师的好学生，你说呢？"她默不作声地坐下了，但眼里却闪出了一丝光亮。

从此我格外地关注她，发现她上课听得非常认真，下课时她很少和其他同学在一起，而是在一旁默默地看书，多要强的女孩！也许上天真的非常不公平，如果上天多赐予她一点智慧那会是什么样呢？每次做练习时，我都悄悄地走到她身后帮她检查讲解，开始她显得非常紧张，一边做，手还会不停地颤抖，逐渐地，她不再怕我，有时还会主动问问题，可她在同学面前依旧寡言少语。一次做练习时，我又悄悄地走到她身边对她问："会吗？"她点了点头，我接着问："一会儿你来回答，可以吗？"我期待着她的回答，先是一阵沉默，后来她终于点点头。学生们回答问题时，我叫起了她，学生们都回过头来用惊讶的眼神看着她，我暗地里为她捏把汗，不知会是什么结果。她胆怯地站起来踌躇了一会儿，声音很小地回答了，准确无误！我心里别提有多高兴，带头为她鼓起掌来，霎时，班里的掌声响成一片，有的同学还说着："梅，你真棒！"我第一次看见梅也笑了。

就是这样一件看起来微不足道的小事却使她有了很大的改变，课上敢举手发言，课下也不再是孤单的一人，似乎找到了久违的自信。而我也总是在课上找一些简单的问题让她来回答，我多么希望她感受到自己与别人是一样的，经过努力一样可以学好。也许天分是上天赐予的，但是我们应该用真挚的爱去关爱每一位学生，也许一句简单的话语、一个充满鼓励的眼神，他们的一生会因此而改变。

生命如花，我愿做教育园地的一朵小花，虽不鲜艳也不妩媚，但不就是这一朵朵小花才点缀出一个姹紫嫣红的花的乐园吗？

翅膀断了　心也要飞翔

■ 葛立刚

教师工作时间长了，容易形成一个思维定式。和同学谈话，不自觉地总以教育者的身份，居高临下，或者批评，或者教育，或者指点迷津。这样的做法，老师们习以为常，感觉到自己尽到了老师的职责。可是，事与愿违，往往学生并不领情，并且产生逆反心理，拒绝老师的说教，走到事物的反面。所以作为教师，一定要注意反思自己的言行，调整好自己的心态，转变自己的观念，真正成为学生的朋友，引领学生走向成熟，走向完善，走向人生的最高境界。

我曾教过一个学生，平时经常看到她郁郁寡欢，好像有许多心事，我找她谈话多次，她就是不说话。有一次，我找到她，她说："老师，有些事情我不愿意说，我感激你对我的关怀。但是我不愿意说我的心事。"快毕业时，她自己又找到我说，"老师，我想和你谈谈。你能替我保密吗？"我看着她的眼睛说："你不相信我吗？你可以不说。"接着她就谈了她的爸爸早在几年前，就离开了家，妈妈和她两个人生活在一起。母女两人相依为命，清灯孤影，日子过得比较清苦。今年她妈妈为她找了个继父，可惜他们两个人，经常为她的上学问题发生口角，由于家庭经济困难，继父想让他的孩子上学，妈妈为此而争吵。她为自己的妈妈担心，怕她妈妈因此失去了丈夫；又为自己担心，怕她自己因此失去了学习的机会。她很害怕，很矛盾，不知道自己该怎么办。她很想告诉老师，又怕老师笑话；很想告诉同学，又怕同学们知道了，自己不好意思；很想静下心好好学习，可是回到家，一看到妈妈的愁容，就什么也学不进去了，心乱得不行。

我在倾听时，不插话，不打岔，她有什么就说什么，而且我始终看着她的眼睛，关注她的事情。她心里平稳了，说罢了，就有放松的感觉。我听了以后，也陷入了深思。心想：如果这个问题不能妥善解决，不仅影响到她的求学之路，而且影响到她的家庭。我想了一会，就对她说："你向继父叫过爸爸吗？"她说："没有。"我又问："为什么？"她说："叫不出口。"我想可能问题就出在这里。我告诉她："问题实际上出在你身上。你在感情上，不能接纳你爸爸，是你们家庭出现问题的总根源。你回去后，跟你妈妈说，我爸爸对我很好，你主动和你爸爸打招呼，有什么问题不便交流了，你可以给你爸爸妈妈写信，表达你对家庭的看法。主动关心你爸爸，关心他的工作，关心他的情绪，让他回到家，感受到家庭的温暖，享受到家庭的温馨。你要能做到这些，我想你们家庭的问题就可以解决了。你上学的问题，也就不是什么困难了。"后来，我又在电话中，把情况向她的父母说明，特别是她的爸爸，感受到女儿对他的关心后，十分感动，在电话中对我表态，让女儿上学，就是困难再大，也要供应。现在，孩子已经没有什么心理负担了。

我热爱孩子，我总是在想：我是老师，同时我也是家长，哪个家长不心疼自己的孩子？被自己的学生喜欢，被教过的学生依恋着，这就是幸福，这就是快乐。

宽容的魅力

■ 吴玉溶

多萝茜·洛·诺特尔说过："……如果一个孩子生活在批评之中，他就学会了谴责……如果一个孩子生活在鼓励之中，他就学会了自信。如果一个孩子生活在忍耐之中，他就学会了耐心。如果一个孩子生活在表扬之中，他就学会了感激……"宽容教育既是一种教育理念，又是一种教育方法，也是一名教师必须具备的道德品质！现就自身的一些教学体验做一分享。

当我在教授What's this? 时，课前我叫孩子们带来一些道具：soft toys, key-rings, stamps, IC-cards, etc。为了更好地使他们掌握新的单词及句型，我采取词不离句，句不离词，词句合一的操练模式。我设计了二人合作猜猜看的游戏。一方把自己所带物品藏起来问对方："What do I have? How many...do I have?"对方猜着回答："You have..."就在这时，我注意到教室的角落，王某正低下头，两只手在抽屉里摆弄着什么。"这孩子真是的，总是开小差。怪不得英语总学不好，现在又……"我心里嘀咕着。他这一举一动实在与其他同学的高涨热情存在极大的反差，眼看我自认为上得不错的游戏活动课就要被这一不协调举动破坏了，我心里马上一火：立刻下去把抽屉里面的东西拽出来，狠狠地批评他一顿，看他还玩不玩？我正想动手，又犹豫起来：难道那么美好的局面非要被破坏不可？狠狠批评他，既中断了孩子们兴趣盎然的活动，又浪费了其他同学表现的大好时机，这不是因噎废食吗？于是，我忍了又忍，终于把那股怒火吞了回去。我从容不迫地走到他身边，面带笑容轻声地问："Wang, What do you have? What are you doing here？"他对我的突然到来感到惊诧，马上愣住了，紧张兮兮地望着我，等着我的处置。我往他抽屉里一看，原来他在画画，画我们上英语课的情形。

画得虽然不是很逼真,但也可一眼认出来。于是我引导他回答:"I have a picture.I am drawing a picture."我把这幅画拿在手上,像发现新大陆一样,有些神秘地介绍给孩子们:"Class,Wang has a special thing. Do you know what is it? 让我们一起来问他吧。"全班同学都好奇地说:"What do you have?"出乎我意料,平时金口难开的王某竟然脱口而出:"I have a pictur."只教一遍就会说了。"Very good!"我连连称赞道。接下来,我让全班同学共同观察并描述画的内容:"There's a teacher. She's Ms. wu. There are students, too."孩子们都很喜欢这幅与现实相连的图画,纷纷举手发言。虽然这些并不是本课的内容,却不愧是本课很好的延伸。我瞟了一眼王某,他刚才躁动不安的神情已无影无踪,脸上露出一副轻松愉快的表情,还有一丝丝成功的喜悦。

原来,宽容也可以变成孩子学习的动力!

爱就是了解

■ 罗春军

时光荏苒，转眼间，我站在三尺讲台上已经十四年了，十几年来我始终怀着一腔热情，用自己的知识、智慧、人格引领我的学生们成长。并肩前行中，学生因为有我的陪伴而快乐，我也因有学生的同行而幸福。在享受这些快乐与幸福的同时，我对教师这一职业有了更深刻的理解：爱是教育的魂，没有爱就没有教育。

作为班主任，我一向勤勤恳恳，任劳任怨，对学生的教育耐心细致，使班级形成了强大的凝聚力和向心力。在班级管理上，我要求自己做到关心学生、爱护学生、尊重学生、保护学生，以自己的热情、自己的参与、自己的坚定意志，来激发学生的热情和参与意识。同时我和同学们在相处中也发生了许多故事。

故事：爱就是了解

爱学生就要了解学生，包括对学生的身体状况、家庭情况、学习成绩、兴趣爱好、性格气质、交友情况的深刻了解。这是做好班级管理工作、提高教育教学质量的必要条件。为了了解学生，我经常和他们在一起，课间、中午经常深入班级，了解学生的学习情况和家庭情况，以及学生的在校表现等。通过与学生的交谈，我知道我班有许多单亲家庭的孩子和留守儿童，对于这样的学生我平时总是多关心他们，让他们感受到有一种父爱的味道和集体的温暖。但也有疏忽的时候。那是2013年，我们学校刚刚组建，我被安排担任九年级的班主任。我带的班，学生人数是全校最多的，学生又都来自不同的乡镇，再加上新学校刚组建，工作太多，所以熟悉、了解学生的工作就滞后了。一天下晚自习后，我把学生送进了公寓，刚要离开的时候，小涛走到了我的身边，我就问："你怎么了，哪儿不舒服？"他说："老师，宿舍内有人欺负我，还经常让我去打洗脚水。"我听后，看了一下他，小涛个子很矮，性格内向，平时不爱与人多说话，家又是从外县迁过来的，从面相上看去，他是很可怜的。我听后，第一感觉我就相信了他，于是我带着他又来到了宿舍，我首先从侧面找班干部询问有关情况，确定了事实后，我召集男同学给他们讲了这件事，并批评了几个同学。之后，我就特别关注小涛，他做了错事，我耐心地给他讲道理，他做了好事，我在班上表扬他。慢慢地，他在班上也有了信心，自己有什么问题也来找我说，最让我意外的是他的英语成绩有了很大的进步，虽然他的综合成绩在班内排名倒数第三，可他的英语居然能考及格。后来，我从学生当中了解到，由于我经常表扬，并且帮助他，使他对我产生了好感，自己找到了信心，同学也不再欺负他，他对我教的科目也产生了很大的兴趣，在班内表现也越来越好。

　　好孩子是夸出来的。伴随着年龄的增长，作为教师的我，认为所有的学生就像自己的孩子一样，故而，对他们的要求也会很高。而恰恰这样的高期望值，使得我在对一些问题的处理上更多的是批评和教育。我也常常反思自己的教育方法是否恰当。此刻，这样的教育实践使我意识到：不要吝啬教师的表扬，因为表扬可以使学生心情愉悦，可以使学生发现真我，可以使学生更加自信……

　　一天，教室里特别安静，我习惯地把教室扫视了一圈后，笑了笑，说："同学们，这次作业许多同学都全对，我非常高兴。"边说着，我边举起了一叠作业本，稍作停顿，我接着说："告诉同学们，今天老师还发现了一份最满意的作业，他是谁的呢？"不待我讲完，同学们就一下子把目光投到班长身上。我再一次停顿了一下，激动地大声宣布："陈某！（班内学习平平，表现一般）虽然这次作业中还有两个小失误，但老师相信这份作业是你最努力，也是你自己做的。"从同学们的眼神和小声的嘀咕中，我看出了他们心中的疑惑。于是我翻开作业本，把上面的"90分"展示给大家。"请同学们用掌声向他表示祝贺！"我带头鼓起了掌，随即，教室里响起热烈的掌声。

　　此刻，我望了一眼陈某，平时坐不住的他，这时就像旗杆似的，坐得笔直，脸上有些疑惑与不解，然而，我还是从他的眼神中捕捉到了兴奋与激动。这一切来得太快了，他还没有从课间的那一刹那中回过神来……

　　课间十分钟，我埋头赶批着作业，一路打钩，批到陈某的作业时卡壳了，我叫同学把他"请"到我的身边站着面批，他的作业本上有好几个简单题做错了，我用红笔重重地圈了出来，和蔼地说："你怎么做题不认真？我觉得这个题对你不难，你应该会做，以后做题要仔细检查！"声音不高，分量却很重。说完，我抬头面带微笑地看着他，想从他脸上找到悔过的表情。他没有说什么，眼睛睁得大大的，但是，我知道，他从老师的语言中找到了信心，有了改错的意思。通过这两次的事情之后，我对陈某在班上关注的次数也越来越多，我发现他在班上的变化也越来越大，学习上也有了上进心，也特别在乎我对他的看法，最终以优异的成绩考入了高中。

作为教育工作者，作为班主任，应以赏识的眼光和心态看待每一个学生，使他们找到好孩子的感觉。也正是由于有了老师对他的信任、尊重、理解、激励、宽容和提醒，才使他找回了自信。让每一个学生都健康向上地成长、快乐地学习。

热爱学生是教师的天职，那远比渊博的知识更重要，得到老师的关爱，是每个孩子的心愿，它会鼓励、鞭策孩子，大大推动学生的成长和进步。每一个孩子都是独一无二的，他们都会很优秀，只是需要我们的耐心了解和正确引导。每一个学生，都像天空中的星星，有的灿烂耀眼，有的光彩暗淡。那些光彩暗淡的，可能是由于我们离它太远，如果我们离它近些，多关心他们些，那么他们就会更好。

爱，一个古老而又永恒的主题，爱学生是每位老师的天职。陶行知先生说："爱是一种伟大的力量，没有爱便没有教育。"的确，多年的班主任工作，使我深刻地认识到爱是一种信任，爱是一种尊重，爱是一种鞭策，爱是一种激情，爱更是一种触及灵魂、动人心魂的教育过程。在今后的教育生涯中，我将用我的努力继续耕耘属于我的那片园地。我将用我的真心、真情、关爱去浇灌、感染、呵护每一颗真心，愿他们在爱的滋润下健康、茁壮成长。

我的教育故事之意外

■ 万惠琴

"一寸光阴一寸金，寸金难买寸光阴。"这一句话道出了时间的宝贵，尤其是在这个快节奏的时代，时间的重要性更是不言而喻。作为教育工作者的我们，当面对着那一双双对知识无比渴求的眼睛时，顿时就感受到自己身上担负着非常重大的责任，所以，只能全身心地投入工作之中，恨不得把所有的时间都分成很多瓣来用。

正是在这种状态下，当我们面对学生的一些错误或者苦恼时，总是不能花费更多的时间去倾听他们诉说自己的委屈，反而是敷衍了事。这使得自己与学生之间有时就如同路人一般。那种关系说不上是坏，但要谈到好也绝对沾不上边。

记得那一天班会课的时候，我像往常一样走进教室，抛出了一个我认为很有教育意义的故事来，因为，我总是觉得我的这些学生们还很幼稚，想要让他们从这个故事中认识到成熟的重要性！

这是一个经典而又让大家耳熟能详的故事。

传说古代有个小国派了一位使者到了一个大国，进贡了三个一模一样的金人，全身金光灿灿，神态惟妙惟肖，可把大国皇帝高兴坏了。只是这个小国不厚道，同时还出了一道题：问这三个金人哪个最有价值？

皇帝想了许多办法，并请来珠宝匠检查，称重量，看做工，都说小人是一模一样的。怎么办？使者还等着回去汇报呢。泱泱大国，不会连这个小问题都解答不了吧？最后，有一位离职的老大臣说他有办法。

皇帝将使者请到大殿，老臣胸有成竹地拿着三根稻草，插入第一个金人的耳朵里，这稻草从另一边耳朵出来了。第二个金人的稻草从嘴巴里直接掉了出来，而第三个金人，稻草插进去后掉进了肚子里，什么响动也没有。于是老臣说:"第三个金人最有价值!"使者默默无语,显然答案是正确的。

故事讲完了,我将那故事后面附着的一段话也复述了一遍:"这个故事告诉我们,最有价值的人不一定是最能说的人。老天给我们两只耳朵一个嘴巴,本来就是让我们多听少说的。善于把听到的转化为自己的知识,这才是一个更有内涵的人,是成熟的人最基本的素质。"班会开到这,我就想将这班会课结束,道理已经讲给他们听了,如此通俗易懂的道理我想他们不会不明白,剩下的时间,还是让我把今天他们没有弄懂的课程内容再给他们辅导一下,反正以往都是这样做的。

可就在我准备让学生们将课本拿出来时,意外发生了,突然有个同学站起来请求道:"老师!你说得这故事是很经典,后面的道理也说得不错,但这个我们都听过好多次了。老师讲,有时家里的大人讲,都是一个说法,但有时候我们却是有着另外的想法,不知道老师今天能不能听听我们的想法呢?"

听到这话,我那准备讲课的满腔激情顿时如被浇了一瓢凉水,但转而那激情好像化作了一团火,可那火却是又不能发出来,学生们的这个要求也不算过分,那就给他们几分钟时间说一下,我再讲课,讲精练点,时间也是够的。于是我说:"那就给你们五分钟时间,快点说。说完了我们把今天没有弄懂的内容再复习一下。"

没想到这时又有一个学生站起来说道:"老师!今天这班会课你就给我们一个说话的机会,让我们把自己的想法都表达一下吧!如果大家都没有什么要说的了,你再讲课好不好?"

"好吧!"面对着学生们祈求的目光,我不得不选择妥协,让心中的一团火在心里将自己煎熬!

"谢谢老师!"班长站起来对我鞠了一躬,之后就对其他同学说道:"现在大家有什么看法就一个一个的来说,不要乱吵,别着急,只要有想法,人人都有机会,不要担心自己没有时间说,也不要怕自己想到的被别人说了,总之对我们每个人来说也是一个学习交流的机会!"

学生们一个个地站起来表达着自己的观点,倒是没有人争论,也许他们觉得这短短的一节班会课根本就不足以将他们全部的看法表达出来,只能是先选择自己认为最有意义的看法来表达罢了。

而我也是好长时间以来第一次花时间听学生们说话,尽管当时的心情是让我感觉极度煎熬而又漫长的,因为这里时间的流逝就意味着我讲课的时间越来越少！但是，随着学生们说出对这个故事的不同看法，我那种煎熬的心情也随之慢慢淡化了。到了最后，反而对自己的做法有了许多的反思。

"那第一个金人未必就没有第三个金人有价值。他虽然听话左耳朵进，右耳朵出，但是，起码他在倾听别人说话，无论对方说得多么糟糕、多么无用的废话，他都是一幅倾听的模样，那就是对人的一种最大的尊重。尤其是当一个人遇到极大的困难，有着满腹的悲伤无奈，而又没有人愿意与他分享时，这种看起来无意义的倾听那是多么地有爱啊！"

"这第二个金人也未必没有价值，他能够将自己听到的美好的东西与别人分享，不也是一种无私的表现吗？"

"我喜欢第一个金人那种对一切淡然的样子，无论外面有着多少的流言蜚语，他都不会被那外界的事物影响了自己的心情，这是一种多好的精神状态！"

"那第二个金人就有些讨厌了，把听到的，无论应该说的还是不应该说的都说出去，就像有的人喜欢去老师那里打小报告，以为这样就会得到老师的赏识，或者说让老师将我们管得更严厉，会对我们学习有好处。也许能够起到一定的效果，但是我认为更坏的是拉开了老师与同学们之间的距离，反而起到了不好的效果！"

同学们七嘴八舌地说着，已经是无所顾忌了。而我却是有些脸红，因为那些喜欢打小报告的人正是我要求他们那样做的啊！我是真没想到我的这个做法竟然在同学们之中有着这样坏的影响。

到了最后，班里最不喜欢说话、学习成绩一直也不好，但偶尔有点调皮的一位男生终于鼓足勇气站起来说道："我觉得这第三个金人真是可怜！无论他受到什么批评或者是有了什么委屈，只能自己咽进肚子里，没有人会听他的倾诉，也没有人会理解他、关心他、爱护他。他就像是一个被人遗忘的人……"说着，他竟然哭了起来，听到这哭声，所有的人都沉默了，教室里面静极了……

也许，此时只有沉默才能反映出所有人内心深处的思考！

教育是一门艺术，只有走进学生心灵的教育才是真教育。爱是教育的原动力，教师关爱的目光就是学生心灵的阳光。我们可以没有时间，但我们不能少了与他人的交流；我们可以没有时间，但不能少了对他人的理解；我们也可以没有时间，但不能少了心中那一份爱……

从那以后，我虽然没有很多闲暇的时间，但我却愿意拿出有限的时间来去和同学们交流，我和学生们成了朋友！朋友，是好多话都可以说的。

爱是教育的真谛

■ 李丽娟

教育需要爱,有爱的教育是快乐的、幸福的,是发自内心的,这样的教育才能让人充满激情活力,这样的教育才是让人想要奉献一生的事业。

孩提时,看到老师面带微笑的谆谆教导,用白色的粉笔一笔一画书写着无穷的知识时,我羡慕教师。也是从那时起,长大后成为一名教师成了我的目标。现在,我实现了我的梦想。三尺讲台是我的阵地,白色粉笔是我的双手。

我从教7年来,教学工作充满了喜怒哀乐。记得第一次走进教室,望着孩子们那带有盼望和希冀的眼神和热烈的掌声,我的紧张消失了,换来的是微笑。学生们笑了,我知道微笑和爱是他们需要的。孩子的心灵纯洁而美丽,在这我收获了爱和尊重。在小学待了一年,是我最开心的时光。初到中学时,我秉承这一点,用爱去教育,用爱去关爱。刚接手八年级,班里学生比较调皮,对我也有一种试探:"看这老师咋样?会管理学生吗?"我当时压力很大。我记得班里有一个回族学生,爱好篮球,学习基础不错但上课爱捣乱,各科老师均有反映。我先找和他同村、关系不错的学生了解他的家庭和班级生活与学习情况。思考一番后,我把他请到办公室。刚开始他一副无所谓的态度,我说什么他都是沉默。后来我说出了了解的情况,他感觉很震惊,他说,还以为我会发脾气,看不起他。我对他说:"人人生而平等,唯一不同的只是学识的高低决定一个人的品行。"他说哥哥上大学,家人对他的期望也高,希望他也上大学,但他对篮球感兴趣,想上体校,家长不同意,就打算自暴自弃。当时,我只说了一句:"每个人的命运都掌握在自己的手里,不做让自己后悔、让家人担忧的事,才是对自己的负责。"然后我和家长联系,通过我、家长和他交流、沟通,他下定决心好好学习,考上高中，进而考上大学，实现自己的梦想。从这以后，他上课认真听讲，课后练习篮球，给班级争得了不少荣誉。后来我想，当时如果我没和他好好谈一谈，而是痛骂会怎样呢？现在他进入大学为自己的理想而奋斗，每到节假日打电话问候一声，使我很有成就感，我觉得我的教育是成功的。

  一个教师在教学过程中必须具备细心、耐心和爱心，做学生喜欢的老师，虽然累但快乐着。有人说过这样的一句话："老师不经意的一句话，可能会创造一个奇迹；老师不经意的一个眼神，也许会扼杀一个人才。"孩子的心灵是脆弱而易碎的，教师的关爱在他们的心灵中树起了一座爱别人的标杆，在爱与被爱中享受着快乐和幸福。

点燃学生积极情感的火花

■ 吴 梦

记得自己初为人师时，上第一节公开课的情景：当时校长和学校一些教师去听我的课，我很想表现得好一些，所以当一个女生满怀信心主动站起来读字母却读错了时，我感到很丢脸，就生气地对她说："不会读还站起来读什么！"那女生满面通红地坐下了。后来她的英语一直也没学好。一年过去了我仍然记得那个女孩，她不过在学习过程中犯了那么点错误我却给了她当头一棒，现在想来愧疚不已。如果换作今天，我一定会笑着再教她读几遍，鼓励她读正确并告诉她虽然她读错了，但能够主动站起来回答问题就表现得很棒，我相信她一定能把英语学好的。

教师的情感对学生的学习效果有直接的影响。教师对学生的爱、期望和鼓励能点燃学生积极情感的火花，使学生更有效地学习。学习者的情绪、态度、学习动力等诸多因素往往决定了教学的成功与否。

记得有一次，在一个星期一的早上，英语小组长跑过来告诉我说，杨某第一课要求背诵的三段还是不会背，都一个星期多了，好几次问他，他总是借口推来推去……

我听后就把杨某单独叫到办公室，问他能不能背。他慢腾腾地张开了嘴，愁眉苦脸地才背了两三句就卡住了，然后低着头，怯怯地说："老师……我……我不会背……"我说："那你读一遍给老师听听，可以吗？"他迟疑了一下，细声细语地读了起来，可是断断续续的，不是添字就是漏字，很不流畅，一听就知道是他平时懒惰，很少读或根本就没读。我没有批评他，只是对他说："你大概读得很少，先在这里试着练读十分钟，再读给老师听！"于是，他就坐在我的身边练了起来……

十分钟后,他再次读给我听。这次比原来好了些,我及时地肯定了他小小的进步:"不错!你看,只要多读多练,你也同样可以读得好起来。现在只有十分钟,要是你以后都能坚持,肯定越来越好的。老师相信!"

面对我的鼓励,他渐渐地放松了表情。

"这样吧,你回去也试着背背,可以一段一段地分几次背!"听了我的这句话,他有些高兴了,抬起头来看了看我。"不过,你要告诉老师,你什么时候能背第一段给老师听呢?"我看着他,等着他的回答,他犹豫着没出声。我感觉他在担心着什么,我语气肯定地说:"这次是由你来定时间!"他又沉默了片刻,见我满脸的真诚,终于说出了口:"下个星期一。"我说:"行,老师等着你的消息!"

到了下个星期一早上,杨某早早地就来找我了。他果真顺利地背了第一段,我拍着他的肩膀表扬他:"很好!虽然只有一小段,但你说到做到,老师也同样佩服!"正当我想问他后两段什么时候背诵时,他就主动地对我说了:"老师,还有两段我已经试着背了,因为有些长,还不大熟,我再过两天背给您听,行吗?"我微笑地点点头。

两天后,他分两次又顺利地把剩下的两段背了下来。我欣慰地说:"你的任务完成了,祝贺你!老师为你高兴!"

又过了一天,在一节自学课上,我对全班说:"现在,老师要让几个同学背第一课的内容。当然,叫举手的!"话音刚落,有些同学就迫不及待地举起了手。我叫了几个人背了之后,一直在等着杨某,希望他也能举手。但他没有,看他的眼神好像在犹豫着。于是,我又说:"刚才老师叫的是举手的,接下来也要叫没举手的!"

我又叫了几个有把握背过但不愿举手的,然后就叫到了杨某。虽然他有些紧张,但他看到我信任支持的目光很快地就背了下来。这让其他同学感到很意外,他们都有些吃惊,因为印象里他们觉得杨某连读都成问题,何况是背整篇英语课文了——在这种情况下,有些同学情不自禁地带头鼓起掌来,杨某满脸泛着红光,那双纯真的眼睛里洋溢着成功的喜悦……

一名学生是否喜爱某一科目,往往与他和该学科的教师关系的亲疏有很大关系。刚毕业的我由于年轻好胜总想取得好成绩,不太懂得对学生情感因素的运用,对学生的要求特别高,标准是老师教过的都要会,一旦不会就严肃批评,也不注意方法,所以学生特别害怕我,有些学生在拼命地学着,有的学不好就干脆自暴自弃了，失去了学习英语的兴趣和信心。而随着教学经验的不断丰富，我现在从不因为学生没有学会而去批评他们，相反，我怀着百倍的耐心去说服他们帮助他们，增强他们学习英语的自信心以及他们对英语的兴趣，同时，因为我对他们的友好和鼓励，他们更加亲近我，更加爱学英语。譬如，越是在有人听课的时候我越是提问那些基础薄弱的学生，他们回答上来我就加倍赞赏和肯定，回答不上来我就启发和鼓励直到他们答对，并且在等待的过程中总用这句话来鼓励他们"I believe you can answer it and you can learn English well"（我相信你一定能回答上来也一定能学好英语）。我发现越是在这样公开场合下的鼓励，越能让他们喜欢自己，越能激发他们学习这门课程的兴趣。

成功的体验会萌发出兴趣，增强信心，激起学生学习的内在动力，大大增强认知效果。

我对学生要求非常严格，但我很注重对学生积极情感的培养。课下和他们谈心，告诉他们有心事可以和我说，我会尽力帮助他们解决。在课堂上我更加注重对他们情感的培养，首先教态好，微笑和理解，其次注重调节课堂气氛。对于没完成作业或偶尔有捣乱没听讲的学生，不是采取严厉的批评而是问他们何时能做完作业，何时能掌握所讲内容，给老师一个确切的时间，减轻他们的焦虑感增强他们对老师的亲密感和信任感，从而提高学习英语的兴趣。

常言道，学无止境，教无定法，只要教师潜心钻研，一定能点燃学生积极情感的火花，再加上坚实的业务基础，娴熟的教学技巧，那么他一定会在教学上取得成功，学生也一定会以优异的成绩回报其辛勤的劳动。

爱让我们在一起

■ 胡方济

教育是需要爱心做基础的,没有爱的教育仅仅是个混饭的职业,只有有爱心的教育才是真正的教育,才是让人快乐奉献一生的事业。作为老师,只有爱学生,才能充满激情,才能以诚相待,春风化雨。正如于漪老师所说:"对孩子的爱,能够使一个老师变得聪明起来。"爱是教育的前提;但远不是教育的全部。由爱而升华为责任——对孩子的一生负责,这才是教育的真谛。关于爱与教育我说一下自己的教育故事。

在不同的处境中,人们对事物会有不同的感应,产生不同的感受,萌发不同的想法。在与学生的交往中,教师常常会陷入单项思维的误区,因为忽略了学生的"具体处境"这一重要因素,难以与学生产生"共鸣",甚至引起对方的反感。记得在正远工作时,班上有一位同学经常迟到,先前我也没有批评,后来只要迟到就臭骂一顿,但她仍旧经常迟到,而且比以前迟到的次数增加了。我深思了一番,觉得很有必要和她长谈一次。于是在一次课外活动时间我把她请到了我的办公室。我试着慢慢引入迟到的话题(之前他一直不肯说),最后她告诉我,她爸爸妈妈经常吵架,只要吵了架妈妈就不做饭了,中午、下午的饭都由她做,每次等收拾完匆匆来到学校就已经上课了。听完她的诉说,我心里很不是滋味,首先向她道歉,然后向她讲了很多这方面的道理和处理办法,谈完后她向我保证她再也不迟到了。以后她真的再没有迟到过,直到毕业。从这件事后,我觉得作为教师,在平时遇到棘手的学生问题时一定要与学生倾心沟通,以诚相待,并且将自己置换到对方的处境,体验对方的感受,领悟对方的思想、感情,多点"设身处地",就更容易接近他们的思想、感情,就能产生更多的共鸣。

记得刚参加工作的前几年,我心中对什么都想得很美好,对学生的期望要求也比较高,所以平时对优生好之又好,而对后进生则另眼看待了,有时候还给他们难堪。到了初三第一学期,一位后进生没来报道,我前去找他,通过与家长的交谈得知,这位后进生不想上学的原因是觉得老师只看重优生,看不起他们后进生。事后,我进行了深刻反思,觉得如果我是一位后进生,经常遭老师的白眼,会怎样做呢?因此,我改变了之前的做法,以一位后进生的心理去说服教育后进生。过了半学期,我在那位同学的作文本上看到"老师变了,变得和蔼可亲了,不再小看我们后进生了,我要努力学习,考上高中。"之后,他多次主动找我交谈,请我和他们一起玩游戏,我们成了好朋友。直到现在,每逢过节,我们就一起相聚吃饭、唱歌。

在多年的从教经历中,我始终觉得不管在班主任工作还是在教学过程中,难免会遇到品学双差的后进生。那么我们该如何面对这一类特殊的学生?我想作为老师,特别是班主任,只要给这些孩子更多的关爱,耐心细致地教育他们,时时关注他们的表现,用爱激励他们的自信心,他们就会慢慢进步的。

如我班有一位学生赵某,他特别喜欢体育活动,而且还是班上足球队队员呢。他在比赛场上的那种干劲令同学们赞叹不已,但是在学习上可就令我头痛了。他经常不交作业,书写可以说是全班最差的一个,总是涂涂改改的,批评他两句又是眼泪汪汪的。特别是在作文方面,可以说是一听到要写作文他就头痛,每次作文都基本上写二三行就上交给我。若放学后想留下他,你可要盯紧再盯紧才行,不然,一转眼他就溜走了。面对这样的学生,我曾经想过放弃他,撒手不管,反正考试都是不及格的了。可是我又一想,班里的每一个学生就好像是机器上的零件,少了一个都不行。于是我又改变了想法,决定帮他解决学习上的困难。在这过程中,我经常找他谈话、向同学了解情况、询问他为什么那么怕留下来。刚开始他没有向我说明原因,经过几次的谈话后,他终于哭着说:"老师,因为我怕写作文,想不出什么好写的,而且回去晚了又怕家长骂。"当我听完他的话以后,我就跟他说:"你的学习不好,难道就不怕你的家长骂吗?如果他看到你的成绩进步了,他还会表扬你、奖励你呢。难道你不想给家长一个惊喜吗?还有我会向你家长说清楚,你晚回家的原因,我想你家长知道以后肯定不会骂你的。还有,你在足球场上的那种干劲,为班级争光的精神,值得同学们学习,如果你在学习上也拿出这样的精神来，老师、同学们会更喜欢你的，难道不想吗？"当时他听了以后又流下了眼泪，对我说："老师，我以后再也不敢这样了，听你的话，认真读书，再也不敢逃跑了。"从此以后，他真的做到了，有时还主动找我。平时在他的日记本上或者是在作文本上，凡是句子比较通顺的，我都会在句子的旁边注上评语，如"你真棒""你用的词语真生动""你真会观察""你真会想象""有进步""你看你的书写又比上一次好多了""我想你一定还能写出更好的字""试试，再认真点"等一些激励性的话语，有时还当面表扬他，有时候在课上还叫他把写得好的句子读给全班同学听。通过一段时间的努力，他的书写、作文都有了一定程度的提高，特别是在书写方面，再也不像以前那样有涂涂改改的现象了。作文也有所提高，我想他以后会更认真。

再如我班有个学生叫刘某，我刚接这个班时，他上课无精打采，要么搞小动作，要么影响别人学习，提不起一点学习的兴趣；下课追逐打闹，喜欢动手动脚；作业不做，即使做了，也做不完整，书写相当潦草……每天学生都跑来向我告状。于是，我找他谈话，希望他能遵守学校的各项规章制度，按时完成作业，知错就改，争取进步，争取做一个老师喜欢、同学们喜欢的好孩子。他开始是一副爱理不理的样子，后来虽然口头上勉强答应了我的要求，但过后他还是跟以前一个样，没什么变化。看到这种情况，我气得想放弃他，既然不听老师，又何必自己自讨苦吃呢？算了吧，不理他了，多一个少一个不是一个样吗？但后来自己仔细想想，家长把自己的小孩子交给了我，我就要对他负责任，更何况我又是班主任。想到这里，我决定还是要拉他一把，不能因一点困难就退缩，或许他现在还没有真正认识到自己的错误，还没有意识到学习的重要性吧。因此，在平时的学习中，只要他有一点进步，我就及时表扬、激励他，使他处处感到老师在关心他。一段时间后，他各方面都取得了不小进步。上课的时候专心听讲了，也更遵守纪律了。成绩提升虽然不是很明显，但总比以前有进步了。为此，我对他会心地笑了，在班上好好表扬了他，同学们也为他的进步高兴地鼓起了掌，他的脸上露出了灿烂的笑容。

其实，教育正如"送人玫瑰，手留余香"，可以分享快乐，感受激情。给予他人美丽，也美丽了自己的人生。让我们一起学会欣赏美丽的生活，一起快乐地追求玫瑰一样的美丽人生。用爱心送玫瑰，用爱心做教育。爱让我们在一起！

用爱换取信任

■ 李永红

我相信这样一句话：给孩子一个微笑，他会给你一个明媚的春天。它时刻提醒我，要爱学生，因为只有在爱的雨露下成长起来的孩子才是健康的。

一年前，我担任了四年级的英语老师，张某是这个群体中最特别的一位，虽然聪明、机灵、好学，但却不服管教。我找准时机与他进行了一次交心的谈话。之后，他的表现明显有所改善。

一天中午，孩子们忙着在草场上追逐打闹，办公室里静静的。"有人打起来了！"班干部着急的话语打破了这一阵平静。我急忙跑出去，两个孩子虽然眼中还有泪，可怒气明显已退了很多，都安静地坐在位置上。最让我吃惊的是，张某气喘吁吁地坐在他俩中间，看到这一幕我真的很失望，难道又是他在挑唆他俩，真是江山易改，本性难移。"他俩已经没事了，老师，一点小事。"这话居然是从张某口中说出来的，我呆住了。"老师，你可别表扬我，这是我该做的。"我清晰地看到他眼中的眼神已经改变。原来，他看到两名同学在为一点小事吵架，他毫不犹豫地上去进行一番劝说，并帮他俩想了个好办法……我注视了他很久，一种崭新的情感在我们之间滋长。

教师节的那天早上，当我来到教室门口，发现张某正等在门口，他高兴地向我问好，然后，悄悄地递给我一长贺卡，压低了嗓门说："这是我亲手做的，送给您，老师。"我看了看他的神态，那目光是真诚的，发自内心的。我端详着这张凝聚着爱心的贺卡，心中荡漾起一股暖流。

爱自己的孩子是人，爱别人的孩子是好人，而爱别人不爱的孩子才是教师的崇高境界。那些在学习、思想、行为等方面存在一定偏差的学生，我们称之为"问题学生"。他们往往被忽视、被冷落，殊不知，学生看起来最不值得爱的时候，恰恰是学生最需要爱的时候；殊不知，错过学生的一个教育机会，没准就错过学生的一辈子。

"问题学生"同样拥有一颗真诚纯洁的心灵，也渴望被尊重被赏识。对"问题学生"只有诚挚的师爱，才能填补他们心理的缺陷，消除他们心里的障碍。所以，班主任应当对他们给予更多的教育引导和关爱，最大限度地理解、宽容、善待"问题学生"。

2013年我接手了五年级这个班，班内多个男同学比较喜欢惹事生非，如言语上、举止上的挑衅等。为了把学生管理好，我用我的真心真情去关爱每一位学生，主动亲近学生，利用课余时间多与学生交谈，了解学生的思想状况，关心他们，架起与学生沟通的桥梁，使学生愿意跟我交流的同时尊重他们思想和观点，平等地分享他们的喜怒哀乐，耐心地引导他们迈好成长的步履，严格要求学生的同时也严格要求自己，用爱、行动、沟通使这几个小孩得以好转。但令我最头疼的就是该班有位出了名的捣蛋大王钟某。平时他人打架他喜欢拍手称好，爱打架骂人，故意损害公物，同学们都怕他。每当他做错了事，我并不当众责备他，总是单独地跟他谈话，可光说没多大效果。一次，我去家访，来到钟某家，刚一进门，孩子的妈妈迎上来就问："老师，这小子在校是不是又打架了？"又有一次，我家访完走出家门，听到隔壁邻居七嘴八舌地议论着："瞧，老师追到家里来了，肯定又打架了。"从以上两个事例不难看出，有些家长（特别是问题学生的学生家长）把家访看成了告状。究其根源在于以往的教师家访，总是以报"忧"不报"喜"的行式出现。报"忧"不报"喜"的家访行式，其中的弊端是显而易见的。它不利于建立教师和家长的联系，也不能使家长很理智地对待自己的孩子，要么痛打一顿，要么无可奈何。

于是我就悄悄地观察他在校的其他方面的表现、他的朋友圈有哪些人能成为我转化他的桥梁。我发现王某可以胜任这份"工作"，于是真诚地把我的想法与做法说出与之交换意见。王某很乐意配合，因而在我们里应外合下，了解问题所在，并采取有效的措施，还积极与其家长沟通，建议他的家长该如何关爱、帮助钟某克服不良的行为习惯。总之，该生一有进步，我就设法给他"报喜"，使他感到老师时刻在关注他，希望他进步。这样他就增强了自信心和自觉性，从而获得了更大的进步。

作为教师，应该有足够的耐心面对每一位学生，尤其是学困生和淘气、调皮的学生，应该用宽容的眼光看待他们：或许在您的宽容中，学生的学习兴趣、探索精神能得以提升和张扬；或许在您宽容的眼光呵护下，成长起了许多个性鲜明的学子；或许在您宽容的目光中，会涌现出许多爱迪生、牛顿的身影；或许就因有了你的宽容，也成就了自己的事业。那么如何才能做到既有耐心又有宽容之胸怀呢？有专家说过这样的话很有道理：有的事情不好解决时，不妨先试着回答几个相关问题。据此，我们不妨扪心自问这样几个问题：教育这个行业，对教师来说到底意味着什么？教育对教师自身有何要求？新课改中教师应如何改变自己的教育方式？我们如何才能正确把握学生？新的师生关系应该如何建立？你有没有把学生分成三六九等？你是如何帮助问题学生或掉队的学生的？有没有向学生发过火，向家长告过状？我们试着回答出上述问题，或许就会找到答案。

　　一代名师霍懋征老人从教六十载，从没有让一个孩子掉队，从没有向学生发过火，从没有向家长告过状。这些教育生涯中的小事情，能长久地坚持做下去，没有极大的耐心和宽容之心，谈何容易？霍老师曾说过："一个好教师的标准就四个字：敬业、爱生。"愿我们都能拥有耐心和宽容之心，学会敬业、爱生，适时准确地把握学生身心发展之规律，把简单的事情做好，才是为教之本。

与天使共成长

■ 许亚萍

时光荏苒，白驹过隙。不知不觉中，五年时光已经悄悄擦身而过，回想这段时光，如同柔滑的丝绸拂过脸颊。曾经刚从大学毕业的青涩、三尺讲台的酸甜……一幕幕倾泻而出，愈发地轮廓清晰，愈发地犹新，如昨日春花。

大学毕业，我被分配到罗城的一个小学，刚从象牙塔出来的心理落差，把我对教师梦想的憧憬摔得残破不堪，自己一度消沉、迷茫。然而，上天一次偶然的玩笑改变了我的轨迹——那是2011年的春天，空气中逐渐褪去的寒意仍然丝丝缕缕，在与同事们结伴去中心校食堂吃午饭回来的路上，一辆摩托车与我"擦肩而过"，导致我的右手无名指掌骨粉碎性骨折住进了医院，这使我的心情更是降到了冰点，对自己从事的工作产生了怀疑和反感。在这段无助的日子里，我不断地接到学生的电话，还有一些学生代表在家长的陪同下专程坐50公里的车，为我送来全班同学手工折叠的康乃馨。后来，我带伤去给孩子们上课，为了我能方便一些，学生家长或学生，还将自己家里的饭菜拿到学校来陪我一起吃。一阵阵的感动袭扰着心田久久不能静歇。原来，上帝在给我关了一扇窗的同时，又为我打开了一扇门，学生们一张张淳朴的脸庞、一双双闪烁着期盼的眼睛，就像是一缕缕温暖的阳光，透过上帝开的门惬意地照了进来。一瞬间我感到老师是一个多么幸福的职业，孩子们用朴实为我上了一堂真真切切的德育课。

如今，班主任工作使我多了一个阵地，多了一份责任，那缕阳光一直是我工作的动力和羁绊。我不断地思索"要树立怎样的班风、学风？如何对学生进行德育教育？如何使学生成为自己真正的朋友？"我一直在这些课题中

探索、求解……

　　班里学生王某是一个单亲家庭的孩子，由于从小缺少母爱，父亲又常年在外打工，每到周末、假期仅由爷爷、奶奶在生活上给予照顾，很少对其在行为习惯、学习方面给予指导和教育，因此，他显得格外地顽劣，甚至放荡不羁。就是这样一个让人有些"头疼"的少年，他的转变由一次意外事件开始。一次课间活动时，他误伤了自己的手腕，几分钟的时间里，手腕迅速肿大，而他一向倔强的脸上，却流下了委屈和难耐的泪花。看着那受伤的手腕，我的心里别提有多难受了，所以我决定第一时间送孩子去医院。当然，在我的陪同下，医生对他的手腕受伤处进行了检查并开了药，我同时还垫付了医药费。我每天进教室的第一件事就是询问他是否按照医生的叮嘱按时吃药，抚摸一下他的头。不久，他的伤痛消除了，而我却也发现，他开始慢慢地有了一些变化。上课认真听讲，踊跃回答问题，并在考试中取得了比较好的成绩。也因此我在全班同学面前表扬了他，而他的笑容多了，与同学间的交往也比以前友好了很多。这些我都看在眼里，喜在心里。同时，我还在闲暇时间找他聊天，询问他的烦恼，为他提供力所能及的帮助。与此同时我还发现，整个班集体，同学们之间更加团结，学习气氛和劲头也更浓了。偶然从学生的周记中得知，对于我带王某就医的事情，全班同学都为此感受到爱的教育，因此他们也更喜欢我，更尊敬我，这使我欣喜若狂。在两年的教育、交流和成长过程中，我记录了学生们点点滴滴的变化，同时他们有烦恼也会悦纳我的很多建议。他们也赠予我一个别样的称呼"许姐"。在我内心深处，我很珍惜这样的缘分和情分。

　　作为老师，学生就像一张白纸，如果你用多彩的画笔将他们进行描绘，他们也将永远阳光灿烂、正义大方；学生也是一群稚嫩的天使，他们独一无二、天真无邪，如果你用耐心、真心和爱心与他们会话，你将会与他们一同成长，收获一片汪洋，感受到海子笔下的面朝大海，春暖花开。

"老大"的感动

■ 郭万新

也许在你因无助迷茫而徘徊的时候，朋友的一个问候电话，会让你感动；也许在你因工作疲惫回到久别的家中时，妈妈做的一桌子你最爱吃的饭菜，会让你感动；也许你曾经一个无意的善举，多年竟然还温暖着一个人的记忆，这也是一种感动；当你生日时，收到几份意外的礼物，几句贴心的话，几条祝福的短信，这都会让人感动。是的，感动无处不在，有爱的地方就有感动。

作为教师的我，因为和学生走得比较近，能玩到一起，所有学生都习惯地称呼我为"老大"。

身为班主任的我，在学生学习最为紧张的时刻却发生意外，姐姐为了生计，开了一个农家园，作为兄弟的我自然不能怠慢，积极投入农家园的建设当中。一次，在高空作业时，因为梯子下的地面很滑，结果连人带梯摔了下来，不幸嘴部受伤，缝了12针，当时的形象连我都不敢看我自己，更不要说上课了，于是请了一周假，住院治疗。

一次看望让我感动

在医院待久了闷得慌，于是我出院回家，在家继续治疗。周六上午我正在输液，突然来了一个电话，是我班的班长李某打来的。寒暄几句后，他问我现在是在医院还是家里，我说在家，于是电话就挂断了。下午我正在家中输液，听见有人敲门，女儿打开门，进来的是九（4）班的学生，原来是他们得知我生病后自发来看望我了。他们进门便你一言他一语地问寒问暖问伤

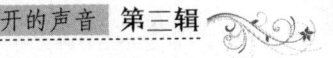

问痛，眼里的关切和脸上的担忧，无不让我感动。临走还说让我好好养病，好早点返校。下午三点又来了好多学生，是我以前所带班级的学生，说心里话，尽管只是几十个孩子带来的几十声问候，但那份简单的真诚却让我感动，久久难以平静。

一条短信让我感动

接下来的几天，手机短信不断，因为家里忙没能来看我的学生都发来了信息关心我的伤势，其中有一条让我记忆犹新："老大，康复得怎么样了，可不能在家里偷懒哦！（偷笑）赶紧回来吧，没有班主任的日子好像有些不习惯，同学们都有些想你，有些事情需要你回来处理，下周一怎么样？"当然，悄悄地感动着我的还有很多，虽然是一条短信，但那缕真诚的牵挂却感动且幸福着我。

一个拥抱让我感动

本学期学校组织了感恩励志教育活动，请了著名的心理学讲师雷鹏老师进行了感恩励志讲座。活动后半部分是师生互动环节，让学生说出初中三年来自己最想感谢的老师。有几位学生提出感谢的人是我并和我来了一个拥抱，虽然是简单的一个拥抱，但那份发自内心的真诚让我很感动。后来有一次开班会时我说："同学们，你们中还有好多人还欠我一个拥抱哦，不要变成我的遗憾！"不过现在都已经变成了现实，学生们用他们的实际行动、用他们的优秀成绩回报了我。

一个纸条让我感动

天有不测风云，人有旦夕祸福。我班学生殷某的父亲在会考前15天不幸意外身亡，孩子经受丧父之痛，办完丧事回来，整天精神萎靡，上课时精力不集中。但过了几天好多了。我纳闷，问班长，班长说，班里每一位同学为殷某些写了一个小纸条，大概内容是鼓励他能从这件事中尽快走出来，积极准备中考，收效甚好。这样的做法我都没有想到。学生们的爱心和细心让身为班主任的我惭愧之余也同样深深地感动着我。

　　作为一名人民教师，我在三尺讲坛已耕耘近十个春秋。我深深地认识到这一职业的平凡与清苦，没有鲜花与掌声，但那一声声诚挚的问候、一句句真诚的祝福，足以温暖我、回报我、给我无悔的动力！让我有动力和信心继续走下去，所以我可以大声地说："身为一名人民教师我无怨无悔！"

给孩子多一些宽容

■ 丁万让

苏霍姆林斯基曾说过："一个好教师意味着什么？首先意味着他是这样的人，他热爱孩子，感到跟孩子交往是一种乐趣。"同时，我们还应不失时机地去激励、去引导。心理学研究表明，人在被赞赏、激励的条件下，其自身潜力的发挥是平时的2至3倍。"教育艺术的本质不在于传授本领，而在于唤醒、激励和鼓舞。"让孩子从赏识、夸奖中体验成功的快乐，激励孩子挖掘自身的潜力做出更好的表现，争取更大的成功。赞赏在教育实践中起着激励作用，正如林肯所说："每个人都希望得到赞美。"的确，获得他人的肯定与赞美，是人生基本生活需求满足后，精神上的高级需求，这种需求贯穿于人的整个生命过程。对学生的成功，应给予肯定、表扬、赞赏，并适当提出更高的需求。

我班有一个女生，家庭贫困，父亲患终身性疾病，她自己也患有无法医治的脱发病。父母常年在外打工，家中的地都转租于他人。她父母也就是每年过年回家团圆一次，平时周末回家她也是自己做饭，自己收拾家务，做什么都全靠她独自一个人。作为老师，细细想想她确实可怜，和其他学生相比，她还是较有自制力和独立能力的。因此，班内有什么照顾政策，我优先考虑的就是这名同学。每学期，她父母都是将一学期的花费一次性存到一个存折上，由她自己支配花销。但上学期，约过了三周，她却用家长留下的300元买了一部手机。我发现后，很是生气。感觉她辜负了老师、家长的期望，再者因为她没人监管，极易迷失，作为老师，我也怕她变得无法自制。她比较特殊，如果教育不到位，可能会导致更大的失误和叛逆、对立。想到这些，我觉得这个学生的行为可理解和可原谅，我更应从学生的角度和学生心理方面分析。首先，从和她关系好的同学入手。先了解她们是否都知道这些事，她们的看法有哪些，用她们的方式能给她提供怎样的帮助。通过老师的引导，让关系好的朋友去帮助她认识到错误所在，同时也防止了一起的同学相互感染。接着跟家长通电话，说明情况。让家长配合老师完成这次事情的处理。当然我只能是通过做思想工作，让她逐渐少用和不用手机，避免对学习和自身的影响。然后我再找她来询问：有无此事，是为了什么。解除学生的敌对心理，而后以引导的方式对她进行协调式的解决。进而，形成老师、家长和学生有明确的对待手机的方法、态度。关于该生周末回家一个人的情况，通过和关系要好的同学沟通，也征得双方家长同意，平时周末放假可以回关系好的同学家。这样就避免了周末无法联系和不确定的因素。

对于这件事，作为老师，我担心的不只是学校中会发生的事情。更重要的是，这种留守学生不在校和周末假期的监管，总担心她在校外会发生什么事情。因此，对这类学生主要从思想和措施上找办法，至于批评、埋怨、指责可能会适得其反。只有让学生感到，老师是可以信赖和寻求帮助的人，双方才能放下心里的顾虑。通过这次处理，我再也没听学生反映过她在学校里拿手机的情况。后来，我再问起她的手机，她说从那次话费用完就再没用过。其实，大部分学生带手机有攀比、模仿和尝试新鲜的心理，当这些心理得到满足和尝试后，就自然会消退。所以，对学生出现的有些事情，老师通过冷处理往往就能很好地解决，而不要成为将小事扩大化的助推者。我认为要做好教师这份工作，首先，必须发自内心地去热爱学生，认为跟他们在一块是一种快乐，一种享受；其次，从生活点滴中去关心他们，让他们感受到你的关爱与呵护；再次，我们在此基础上针对不同情况，具体实施正确有效的引导教育，并适当提出更高的要求。

让我们的爱充满教育心智，让教育之爱闪耀智慧的光芒！

假如学生对你说"不"

■ 付勤畴

在一个三四十人组成的班级中,有的学生从小受过良好的教育,品学兼优,对老师言听计从,不需老师多花一份心思,对这样的学生,我们满怀喜悦,宠爱有加;有的学生虽不是十分出色,但积极要求上进,明辨是非,对老师的精心教导能心领神会,付诸行动;然而也有这样的学生:当自己犯了错误时,老师好言相劝,耐心引导,换来的却是怒目而视,恶语相向。面对这些有逆反心理、抵触情绪的学生,我们该怎么办呢?

在2009年的时候,我接手了学校设立的一个校内分流班。班里有一个学生王某,不但学习落后,而且经常不遵守纪律,不听从班干部管教,跟女生交往关系也过密。我曾多次找他谈过话,给我的感觉是他对我的教育勉强能接受,内心又十分地不情愿。终于有一次,那不情愿的情绪暴发了出来。在一天晚自习时,我去看班级情况,当时正值第一节自习下课,我走到教室前一看:不得了,教室里面许多外班的学生正围着王某在谈笑呢。想到前一阶段班中学生在周记中反映,有其他班学生进入我班,影响大家学习,我十分生气,赶紧把他叫过来,让他注意交往方面的问题。谁知我还没讲几句话,他的火气就上来了,大声对我说:"怎么了?我和朋友聊聊天也不行吗?我有我的自由!哪有你这样教育学生的老师?你的班里我待不下去了。"说完,就走进教室,拿起书包,往外走,边走边说:"我去找校长。"我说:"好的,咱们一起去。"于是往校长室走去,但当走到教室外时,他又突然说:"我回家去了。"我说:"你回家可以,不过校有校规,你让我通知你家长来接。"他不听劝说,直接回家了。

在王某擅自跑回家后,我回到教室,安排几位学生去通知他的家长。

很快他父亲就来到了学校，我把前后经过详细地向他父亲解说了一番，他父亲也通情达理，一再向我赔不是，我说："家长的心情我可以理解，现在关键是如何教育王某的问题，既然是他自己要回去的，那么就让他在家待着，待到他想进班级为止，如果他明天就要过来，那也不行，至少停课三天，在家深刻反思，检讨自己言行的过失。这样给他一次思想上的触动，有利于他的进步。"他父亲觉得言之有理，欣然答应。在王某停课反省期间，他父亲一直与我保持联系，说家长如何教育他，还请了原来小学的老师来做他的思想工作。在他停课完毕回校后，我把他找到办公室来，与他交谈了近一个小时，分析他过激的言行所带来的不良后果，以及作为一名初中生应该具有的最基本的行为习惯和学习习惯，最终使他心服口服，再也没有顶撞老师的行为发生。

　　教育是面向学生心灵的一门精细活，正如学生在成长过程中会碰到困难一样，我们在教育教学过程中，同样会遇到棘手的问题，会遇到许多困惑。《学记》有云："学然后知不足，教然后知困。""知困，然后能自强也。"我们在教育教学过程中，面对性情刚烈、不服教育的学生，不妨采取"冷静面对、家校结合、耐心教育"三部曲，从而达到"山重水复疑无路，柳暗花明又一村"的境地。

只有负责任的老师才能培养出有责任感的学生

■ 雷 财

作为一名青年教师，自参加工作以来，我一直以高度的事业心和强烈的责任感全身心地投入教育教学工作之中，并从中得到锻炼和提高。多年的班主任工作，使我深深地认识到教育的重要意义就在于教师不仅是人才的培育者，更是青少年成长的引路人。

"师者，传道授业解惑也。"所谓传道，就是进行思想品德和政治思想教育。对学生进行思想教育不仅是政治老师的职责，班主任及科任教师更应义不容辞。

记得有一年开校初，在收取伙食费的过程中，由于家长和学生比较多，现场比较混乱，两位班干部收完钱后发现少了150元钱。之后班干部向我交接的时候说了这件事，我当时确实比较气愤，但最终还是忍住了，没有责怪他们，毕竟也不完全是他们的责任，随即我让他们先回去。借此契机我在班上进行了第一次有关责任感的教育，告诉学生这次事件相关班干部失职在前，家长和学生不负责任在后，双方都没有尽到各自的责任，既害人又害己。同时也告诉他们这是一次教训，如果再有下一次，必须有人来承担相关责任。下午第一节课下课后，本班的一位同学来找我说中午在超市买东西时发现他身上多了100元钱。又过了三天，一位女同学在作业本中夹了一张纸条和50元钱，说家长交了500元但登记了550元，经过几天的思考最终还是决定借了50元还给老师，并让老师原谅她的自私，同时替她保密。这件事让我深有感触，并和同事们交流了如果是我们成年人能否做到这些。所以这一次的责任教育还是取得了非常好的效果，同时也让我清楚地认识到学生的可塑性真的很强。这也让我对学生的教育更加充满了信心。

学生的责任教育是一项长期且细致的工作，教育手段更应该具有艺术性和多样性，在进行思想教育及说服教育的同时最好能借助身边的人和事去感化学生，让学生明白承担责任不是痛苦，而是一种勇敢的快乐。让学生明白不怕犯错，怕就怕犯了错连承认错误的勇气和改正错误的态度都没有，这样的人将来是不可能成就大事的。在学生犯错时，适当的批评是必要的，同时也要教会学生对自己的过错负责，让其明白自己的过错行为产生的后果，让学生明是非、知荣耻。

有一次，在更换教室班务栏内容时，我发现版面上出现了几个很深的拳头印，调查时没有一位同学主动承认和举报。当时我很生气，但最终还是忍住了，并在教室内耐心地对全体学生说："无论是有意还是无意的，无论是出于什么原因，毕竟事情已经发生，责任是不能逃避的，既然事情出了，那就要及时补救，否则就会连累全班同学替你承担。你们要知道，一个人生活在这个世界上是要承担许多责任的，对父母的责任、对自己的责任、对学校的责任，甚至对社会的责任，不只是为你自己活着。"

放学后，一位同学主动到我办公室承认了错误，并说明了原因和过程。我当时并没有批评他，只是从抽屉里拿出我之前打印的两份有关责任的故事交给他。

一个是一名公交车司机行车途中突发心脏病，在生命的最后一分钟里，他做了三件事：把车缓缓地停在马路边，并用生命的最后力气拉下了手动刹车闸；把车门打开，让乘客安全地下车；将发动机熄火，确保了车和乘客、行人的安全。他做完了这三件事，安详地趴在方向盘上停止了呼吸。这名司机叫黄志全，所有的大连人都记住了他的名字。黄志全是个勇者，讲这个事迹我是为让张某懂得：责任心是促进我们每个人进步，推动社会发展的动力。

另一个是用责任心收获金色人生的弗兰克！20世纪初，有一位美国意大利移民叫作弗兰克。他用艰苦工作所得的积蓄开办了一家小银行。但是，不久后银行遭到了抢劫，他破产了，储户们也都失去了存款。当他带着妻子和儿女准备从头开始的时候，他决定偿还那笔天文数字般的存款。所有人都劝他："你为什么要这么做？这件事情你是没有责任的。"但是，他却回答说："是的，在法律上也许我没有责任，但是，在道义上，我有责任，我应该偿还这笔'债'。"而这么做的代价就是三十年的艰苦生活,当他寄出最后一笔"债务"时,他轻叹:"现在我终于无债一身轻了。"弗兰克用一生的付出和汗水书写出两个工整的字,那就是"责任"。

我和蔼地说:"回去认真读,好好反思,并写一份读后感,明天交上来。"第二天该同学交来了检查,他写得很深刻,字迹也很工整。其中有这样一句话:一直以来,我都在浪费我自己的青春,我现在才明白,要活得有价值,首先要做一个有责任心的人,一个没有责任心的人是不会有所作为的,我过去做了许多不该做的事,给班级惹了不少麻烦,有些事老师您根本不知道的,我现在发自内心地要对您说一声:老师,谢谢您,是您让我明白了"责任"二字的重量,我现在才明白不会太晚吧!我的批语是:不晚。这位学生现在改掉了许多的毛病,在班级表现很出色,积极帮助别的学生值日,积极参加各项活动,完全洗心革面。

我深深地感悟到:责任感需要教育,需要培养,但责任感更需要学生自己的体验和感悟。做一个有责任感的人,无论对学生现在的学习,还是对他们将来的工作、生活都具有重要的意义,而如何使学生成为一个有责任感的人,则应该是我们学校教育中值得研究的课题。

教师的幸福

■ 汪婷婷

作为一位语文老师，我每天与学生接触的时间比较多，与学生相处久了，总有许多难忘的故事沉淀在我的记忆中，温暖着我的心灵。与学生之间的故事里有温暖、有感动、有反思、有收获，也有遗憾，正是在这一个个难忘的故事中，让我由青涩走向成熟，由稚嫩走向沉稳，也让我更加理解了教师职业的崇高与伟大。

一日为师　终生为母

记得那是一个冬季学期，由于气温的原因，学校各个班级的学生都不同程度地染上了病毒性感冒，有些班级的孩子因为感冒严重，一半都请假回家了，这样一来就影响了学校的正常上课。学校领导很重视，请来了县里疾控中心的专家来研究该怎么控制病毒。正好这一天八（6）班班主任又代表学校去参加市上的优质课评选，而作为辅导员的我自然担当起了班主任的责任。

在星期三下午，召开了班主任会议，而我就以代理班主任的名义参加了会议，会上提出了好多建议、意见，目的是为了防止更多的学生被传染。会议整整开了两个小时，会议结束前，校长要求把这些信息第一时间传达给学生。我还记得那天学生很乖，好像在等我去给他们开班会似的。当我说了："我把刚才开了会的精神给同学们说一说，希望同学们认真听，下去认真做。"我话音刚落就看到全班同学挺直了身子，做出了一副很认真的样子，当时我很惊讶。就告诉他们：①晚上睡觉一定要关好门窗，睡下后把被子盖好。第二天起床后要及时地打开窗户通风。②一定要讲究个人卫生，饭前便后要洗手。还有晚上睡觉前一定要用热水洗脚。③不能用冷水洗头，否则，更容易感冒。④不要喝生水……

就这样，我一点一点地讲着，学生却听得比任何时候都认真。最起码是比我给他们上语文课时认真多了。晚上，我到两个男生宿舍去看，结果一进门就被一伙男生围住问："老师，我们今天没打下热水怎么办？"还有的说："老师，没热水我们是不是就不用洗脚了？"就这样他一句你一句地乱喊一通。我只能说："好吧！今天可以不洗，但明天一定要打上热水，好好泡一泡你们的臭脚丫！"之后又给他们交代了晚上睡觉的注意事项，然后我突然冒出一句话："我发现我怎么跟你们的妈似的。"就这一句话刚落，那个调皮鬼就对着我喊了一声："妈！"当时我就愣住了，紧接着语文课代表就说："老师你就是我们的妈，你是我们的副妈。"当时我就晕了，我还是第一次听"副妈"这个词。然后就又听见有人说："一日为师，终身为母嘛！"

后来，细细琢磨，还真是把我给感动坏了。从那天之后，我感觉我和八（6）班的学生在感情上又近了一步，就像他们说的，亦师亦友。

不在其位　不谋其职

记得那天我要给学生讲茅盾先生的《雷雨前》这篇课文，所以课前我认真备好了教案，其中我设计了这样一个环节：在讲课文之前，让学生先写一写自己在雷雨前观察到的景象，当时设计的时候并没有抱太大的希望，觉得学生不会有好的表现的。可当我到八（9）班把这节课上完后，我发现我错了，他们的表现出乎我的意料。

我还记得我把任务布置下去之后确实有几个学生感到很困惑，不知怎样去表达，但5分钟之后就有同学举手了。我很惊讶，先叫了班上一位好学生来读她写的《雷雨前》，念完之后我还没说什么就听见全班的掌声响了起来。不用我说，那就一个字"棒"。就这样，连叫了三四个学生，他们都各有各的观察与感受，后来叫起了安某（班上的一位很个性的学生，平时不怎么回答问题），他的《雷雨前》是这样的：

突然间，晴转阴，天气像一个娃娃，从红脸变成了黑脸。大风把树叶吹到了地上，可还不罢休，还要把地上的树叶吹到人头上，这下大家全知道了，要下雨了。片刻间，倾盆大雨从天而降。"下雨了。"人们大叫一声，便都逃回家去了。有些没带伞的人，一边埋怨老天，一边快速地跑步回家去；有些带伞的人，不紧不慢地撑开伞，在雨中不停地穿梭；还有些自作聪明的人，在头上套个袋子，匆匆回家去。雨越下越大，没有一点要停下的意思。在楼上的人，看下去，可以清晰地看见，雨珠落地后溅出的水花。

他的话音刚落，教室又响起了一阵雷鸣般的掌声。当时的我也在鼓掌的行列之中。真的很是令人激动，我知道我的这堂课算是成功的。

我站在讲台上，望着黑板上的汉字，回忆着和他们走过的每一个激动的课堂瞬间。这两年来，我付出了许多，但我也收获了许多惊喜，就像今天这样。

爱是教育的灵魂

■ 裴玉芳

有人说：班主任是世界上最小的主任，也是最苦最累的主任。我也认同，班主任也是最没有权利的主任。在我从教二十多年的班主任生涯中，有过失败的苦涩，也有过成功的甜蜜。

我一直很欣赏一句话："爱是教育的灵魂。"是的，没有爱，教育就无从谈起。有位同事曾对我说"你不能给学生好脸！要让他们怕你，才能听你的，你才有威慑力！"我在思考，为什么非要让孩子们怕你，而不是喜欢你，爱你而好之乐之，爱屋及乌呢？我一直在尝试。课堂上我常常和他们融为一体，引导他们用自己喜欢的方式学习，课间和他们拉拉家常，做做游戏，猜谜语脑筋急转弯，用爱心走进他们，影响他们。

我也常常被孩子们天真的爱所感动教育。班里曾经有位因残疾被父母遗弃的孩子，养母因在野外捡到他收养他而被儿女抛弃，两个可怜的人震撼着我。有一次，我悄悄把这个孩子的故事讲给了班里孩子们，孩子们感动了，常常用大人们想不到的方式来关爱这他。有次早饭后，我刚走上楼梯，班里的几个女孩眼圈红红地围住了我："老师，小兰脚都冻肿了，我们想捐款给他买双棉鞋，好不好？"我也感动了，心里酸了。"这些应该是我想到的，谢谢你们，你们去做吧，也算上我一份！"孩子们马上雀跃着跑回教室，下午他们拿着孩子们捐的四十多元钱送到办公室，我添进了自己的一份，星期天带着几个女同学为这个残疾孩子买了一套衣服和一双棉鞋。好久，班里有股暖暖的感动影响着孩子们，孩子们凝聚力出奇地强了，不用老师要求，遵守纪律、保持卫生、努力学习，自觉而向上。

一天上课，我刚走进教室，教室里静静地，孩子们小心翼翼地察言观色。我刚上讲台，一个红红的气球飘到了讲桌前，我抓住一看，上面画着一个笑脸娃娃，缀着一张小纸条：老师，李某又违纪了，但他不是故意的，请你千万别生气好吗？看着懂事的孩子们，我感动地笑了。就这样，一些小小的琐事在班级中潜移默化，让孩子们互相教育、互相监督、自我管理，这个班级各项成绩一直名列前茅。爱的魔力有时候真的很神奇！

但有些时候，个别孩子的生活学习习惯实在是让我"想说爱他不容易"。我常常用办公室门前的一句话"用欣赏的眼光看学生"来激励自己，常常"换位思考"："假如他是我的孩子，我该怎么办？"尤其是带低年级学生时，课堂上，孩子们要上厕所，我为他找手纸；早饭不好好吃，我把馍馍泡他碗里给他讲不吃早饭的危害；冬天出门提醒带帽子手套等。这时候，我就会想到自己的孩子。更多时候我从一个母亲的角度去关心爱护他们。不经意间也会收获孩子们天真可爱的爱。放学跟我说再见，一着急喊："妈妈再见！"讲台上时而看到他们亲手画的一张可爱的"喜羊羊"或叠的小动物……

你用无私的爱去爱他们，收获的将会是更多的爱。最后，我想用几句话与辛勤的班主任们共勉：少一点埋怨，多一点温暖；少一点批评，多一点宽容；少一点发怒，多一点微笑；少一点布置，多一点参与。苦中求乐，快乐工作，健康生活！

第四辑

读懂孩子的心

坚定的信念　无私地奉献

■ 赵振江

我是一名很普通的教师,在平凡的岗位上干着很普通却又很值得做的事。我一直把教育教学工作作为一项神圣的事业,二十余载一直默默耕耘在三尺讲台。讲台虽小,但我认为,只要怀着一股赤诚来对待自己的工作,三尺讲台也能站出一个天高地迥的境界;教学工作虽辛苦,但我却说,当教师是累了点但不是苦,累是体力与脑力的付出,苦的是心态,只要有好的心态,繁重的工作也能让人感受出乐趣无穷。

俗话说:"仁者无敌。"教师要宽容善待学生。作为一名教师,如果能以宽容之心善待学生,不仅可以维护学生的自尊心,而且能表现出教师的宽大胸怀,也必然会赢得学生的信任和拥戴。自尊心是人内心世界中最敏感的一个角落,保护它、发展它,可以产生巨大的力量。得到别人的承认,受到别人的尊重是每一个人的渴望。在青少年的心灵深处,就有这种自尊的需要,保护好学生的自尊心是学生积极健康成长的重要因素。而我在善待、宽容学生方面却犯了一个严重的错误,唉,想起来就后悔!

那是星期一的一节数学课。按照课前的准备,课堂内容顺利地进行到第五个环节:学生轮流讲解配套练习上的题目。按照以往的习惯,我让第一排的学生开始纵向轮流讲解,当轮到最后一排的姜某时,不知是他坐得有点偏还是我当时在潜意识里认为就是叫起来他也不会讲,反正鬼使神差地我没有叫他,而是直接叫了第二排的学生。当时姜某本来高昂的头低下了,积极的情绪也随之消失。为了课堂进度,我当时也没有在意,题目很快就处理完了,学生开始分组总结本节课的收获。

当我巡堂到姜某身边时,分明看到他想说什么,但我没有停下。我第二次走到他身边时有意识地停了下来，等了片刻，姜某站了起来，语言急促地说了让我后悔终生的一句话："老师，其实第三题我也会做，我也能讲好的！"望着他涨红的脸，我无言相对。片刻后，我说："我相信你，下一节我再让你回答，好吗？"

在下一节，我不仅让姜某回答了一些较简单的问题，还让他讲解了一道中档难度的题目，尽管语言表达有些欠流利、不连贯，但毕竟把问题的核心答出来了，同学们也报以热烈的掌声。

课后，我回想着姜某回答完问题时的那股高兴劲儿，我想了许多：其实，善待、宽容也是教育的一种美丽！

在以后的教育教学中，我发现，随着社会的进步与发展，传统的教育理念与模式有的已经不再适应当今的教学，便刻苦钻研现代教育教学的新理念。我认为，教师的尊严是在人格修养与学识修养中树立起来的。教学实践中我用"师爱"来代替"师威"。我认为不能让学生因为训斥而失去了活力，变得自卑与自弃。我常跟同事们说："越是到高年级，学习就越紧张，越是需要老师的鼓励与赏识。无论是七年级还是九年级学生，都是不到15岁的孩子，他们渴望被肯定、被重视，任何的夸奖是不会把学生夸坏的，他们需要在老师的赞赏鼓励中发现自己的亮点，找到成就感，树立自信，但一次的打击却足以严重损伤他们的自尊。我们要懂得尊重和关心学生，给他们一个良性的鼓励，让学生体会到希望，找到激情，给他们一定的自信。"

"浇花浇根，交人交心。"作为一名老师，我们要善于捕捉孩子们细微的心理变化。对于性格内向的学生，不可用过于严厉的方式批评他们，而对于个性倔强的孩子，更要用耐心、恒心、真心去感化他们。我有一位学生刘某，学习不努力，还总搞些恶作剧，脾气很犟，家长也拿他没办法。我总是想方设法一次次地接近这位同学，在各方面关心照顾他，很长一段时间后仍是"麻石浇水"毫无效果。但一次偶然的机会却改变了他。一天上课时，他突然脸色苍白，我立即扶他到办公室坐好，仔细询问了他的感受，带他看了医生，陪他打点滴，还不住地安慰他。这种无微不至的温暖融化了他冰冷的心灵。他向我敞开了心扉：原来他的父亲性情粗暴，信奉"棍棒底下出孝子"，经常把他吊起来打，令我不寒而栗。我决定跟他父亲好好谈一谈。很幸运，这位父亲采纳了我的建议，并与儿子开始了正确的沟通。此后，这位同学好像换了一个人似的，老师的劝告也听得进去了，学习也进步了。

当谈到教过的学生对自己的回报时，有许多老师都感叹学生不懂事，倾注了感情却什么也得不到。我认为：有时，要求其实也很简单，很多时候我们从学生身上，已经收到了很多的喜悦。学生一句简单的话，如"老师，我很喜欢上你的课啊！"；有时收到毕业的学生电话，说："老师啊，你那时说过的一句话，现在还给我很大的影响。"每每和已经走上社会的学生聊天时，我很自信，因为他们总是不会忘记作为班主任对他们的言传身教，一个眼神，一句问候，原来在他们的心中有如此深刻的记忆。我很自豪，这就是做教师的最大收获和奖赏了，并不一定是需要什么荣誉。

多一份爱心　多一份宽容

■ 李　燕

在教育教学工作中，有苦有乐，有感动也有困惑，作为老师要有足够的爱心和宽容心，才能促进学生健康发展。这就是我们的追求。

记得那年我从另一位老师手中接过一个新班，由于在接手前对该班集体的"光辉形象"就有所耳闻，因此我在心中暗自下决心：既然学校将这个班集体交给我，我一定要想尽各种方法把班集体的这种现状改变过来。

于是我先从以前的班主任老师入手，从他那里我大致地了解了班集体每一个学生的性格，他们的优点和他们以前所犯的错误以及学生与学生之间的交往情况。为了避免有所偏差和先入为主对我以后工作的影响，我又找到了他们以前的科任老师了解他们心目中对该班学生的看法。根据多方了解，我将各种情况进行了综合分析，在我的心目中重新给我将来的学生进行了定位。接下来就到了开校报到的时间，在短暂的报名过程中，通过和学生或学生家长的短暂接触，我对每一个学生也有了自己的认识。我发现他们的确在很多方面都有所欠缺，有个别家长只是把教育学生的任务单纯地交给学校和老师，自己却完全置身事外。

开学的第一天晚自习，是我和学生第一次正式对话，我首先对学生进行了价值观和人生观的教育，同时明确地告诉他们："我并没有因为你们以前的表现而轻看你们，其他老师看不起你们，家长说你们不争气，但是大家要相信，无论发生什么，或将要发生什么，在我的眼中，你们永远是最棒的。在我看来，你们依旧可以重新来过，重新在学校展现自己的风采。"在此基础上，我宣布了班规班纪，说明了这样规定的目的，并制定了我们的短期目标。我以班会、团会为契机，先后召开多次主题班会，告诉大家要在学习、行为上相互协调、团结，并利用大家都熟悉的一句歌词"一根筷子呦，轻轻被折断，十双筷子呦，牢牢抱成团"让同学们深深懂得：要使我们的班级强大，我们就要做十双筷子，牢牢地和老师抱成团。在老师和班干部的带领下，努力写好属于我们自己的篇章，每一个同学都积极参与进来，奉献自己的一份力量。此时，我拿出早准备好的条幅，让每一名同学依次上来，搞了一个简单的签名活动，同时集思广益，共同制定并写出我们的标语、我们的目标。每一位同学都认真地书写着，生怕自己的那一画在标语上显得不协调，简单的一个字、一句话，把他们的汗水都写出来了。在这个举措的激励下，我班在学校举行的运动会上努力拼搏，取得了骄人的成绩。金色的奖状和同学们共同写的标语贴在教室里时时提醒着我们要团结、努力。与此同时，我因势利导，与同学们共同分析了这次集体活动存在的不足，做了深刻的检讨和分析，在同学们深刻的认识下，他们自己确定了改进方法。从此以后，我默默地退到了幕后，开始指导班干部如何发现问题、解决问题。"功夫不负有心人"，班级各项工作渐渐步入了正轨，看到时机逐渐成熟，我告诉同学们："其实我们并不差，我们很优秀，只要我们努力，我们就会取得更多的成功。"我每月为班集体制定不同的小目标，想尽各种新颖的方法，改变传统的说教，来引导着我的班集体进步。我一系列用心用情组织的教育活动，终于见到了成效。

　　宽容是一种美，犹如暴风骤雨后天边的彩虹；宽容是一种力量，支撑人们熬过数九寒冬，盼来阳春三月；宽容也是一种魅力，一颗宽容的心衬托出美好的人格。如果我们能真正发自内心地、耐心地关爱和帮助学生，相信会给我们的教学带来更多的实效。

爱要坚守

■ 刘鸿军

小华的妈妈离婚了,她教育小华的方法简单粗暴。长期这样,使得小华性格古怪、暴戾,对学习有严重的厌烦情绪。他对妈妈有敌对情绪甚至有仇恨心理。

面对这个孩子,如果一味严格要求,只能引起逆反和对立的情绪。我默默地对自己说:"这是上帝派来考验我耐性,磨砺我意志的绝佳礼物,我得好好善待他。"

一次课上,别的孩子都在静静地做作业,我发现他若无其事地坐在位子上。我问他为什么不做作业,他一副不耐烦的样子说:"没有本子。"想到他是单亲家庭的孩子,我给了他几元钱让他买本子。又过了几天,他开口向我借十元钱,说是要买钢笔,我又把钱给了他。可上课做作业时,他依然没有笔。有学生告诉我说:"老师,小华把你的钱还别的同学欠款了。"我听了无语而无奈,只好让其他同学借他一支笔。弄丢了课本,我帮着借;作业不会做,我一条一条地教。我只想尽一切力量帮助他进步。

尽管我耐性十足地帮助他,可他身上发生的变化几乎看不见,我时常质疑自己的教育教学能力。我曾动摇过,但又不忍心放弃。有一次,我对他说:"小华,老师教育你的招数已经使尽了,再没有别的好办法。但我有足够的耐性,绝不会放弃你。我除了帮你,还是帮你。"

八年级快要结束了,下一年我也不再是这个班的班主任了。有一次,他在周记里写道:"刘老师说:'我除了帮你,还是帮你'"这句话,字里行间流露出几分对我的感激之情,我深感欣慰。精诚所至,金石为开,善良的种子、爱的种子终于在他心中萌芽了。

我非常庆幸自己的耐性经受住了学生的考验,庆幸自己的劳动并没有付之东流。我将继续坚守,为每个孩子健康成长倾情付出。

特别的爱给特别的你

■ 方三建

初次认识小海，是在学校操场。当时我看到一个小女孩端着垃圾盒一路小跑，满脸幸福地去倒垃圾，就有点纳闷。等她返回来经过我身边时，我叫住了她，随口问道："你是哪个班的，叫什么名字啊？"出乎意料的是，无论我怎么和颜悦色，她却一直低着头，一脸惊慌，并且一句话也不说。

中午在餐厅吃饭时，和同事聊起这件奇怪事，才有人告诉我原委。说她是一个弱智生，就在小李老师的班里随班就读呢，我才恍然大悟。又有几个老师插话，说起她，竟然都是夸她的。带着疑问，我见到了小李老师。

小李老师刚参加工作两年，长着一张娃娃脸，脸上时时挂着微笑，性格随和，温柔善良，我们一说她属于"贤妻良母"型，她就羞红了脸。见了她，我们都爱开玩笑。路上遇见她，她一笑，我就故意板着脸说："你就笑昂，脸上笑出褶子来，小心嫁不出去。"她就笑得更厉害，眼睛都找不见。

说起小海，平时话不多的小李竟然有说不完的话。原来，小海在小学时，经鉴定，属于弱智，所以一直随班就读。升到初中，她怎么也不想上学了。开学后，她妈妈每天带着她到学校外面，边和她玩，边让她看着校园里的其他孩子，感受学校气氛，希望能够吸引她。一周之后，奇迹发生了，小海竟然同意上学。学校再三斟酌，最终找了小李老师，说明情况后，小李老师很爽快地接受了这个随班就读的孩子。

刚开始，小海老有鼻涕，衣服也脏，又不说话，同学们都不和她玩。小李老师看在眼里，急在心里。有一天，小李老师叫来了小海的妈妈。说起这事，小海妈妈也很无奈，说因为智力原因，小海自小就不懂得自我照顾，时间久了，虽然年龄见长，但小海已经习惯不收拾自己，妈妈也就见怪不怪，顺其自然了。小李老师说，孩子智力再低，也肯定在一天天长大，一天天发展。作为家长和老师，我们最好把她当成同龄孩子来看待、来要求，这样才更有利于她的成长。小海妈妈也觉得有道理。随后，李老师叫来小海，摸着她的头说："小海啊，妈妈和老师都很喜欢你，明天你如果把衣服穿得干干净净，也不流鼻涕，老师就抱抱你。"小海竟然狠狠地点着头。从此以后，小海在个人卫生方面，做得比正常孩子还好！

因为小海弱智，什么活动都不敢或者不能参加，也很少说话，班里有些同学就有欺负之心。班干部反映说，每天的垃圾，值日生都让小海去倒。小李老师很生气，打算在班会上大发脾气。她叫来小海，询问情况，结果她发现，小海对倒垃圾一事并不反感，好像还很喜欢。不知哪儿来的灵感，小李老师忽然觉得，这也许是让小海融入班级的好契机呢。

班会课上，小李老师说："我听说小海同学近来对班级做出了很大的贡献。除了每天帮值日生搞卫生，还主动承担倒垃圾的工作。她在个人卫生方面也做得非常好，所以我建议，授予她卫生小标兵的光荣称号，大家鼓掌，让我们对她表示衷心的感谢，希望大家都向她学习。"热烈的掌声中，小海低着头，热泪盈眶。其他同学，有的诧异，有的内疚……接着，李老师说："以后，当我们再次得到小海同学帮助的时候，记得别忘了说声谢谢。"全班再次掌声雷动。借着让小海去办公室取笔记本的由头，小李老师对其他同学说："小海同学，作为我们班的一分子，情况虽然特殊，但仍然属于我们这个大家庭，她的幸福和成长，就是衡量我们这个大家庭的幸福和成长的最重要的标志。看你们的了，孩子们！"从此以后，虽然谁都不主动让她倒垃圾，但谁都抢不过她。每次，她都被同学们追着、笑骂着。

在小学时，学习方面，是小海最吃力的。现在，在小李老师号召下，全班都在关心她，帮助她（再加上小李老师自己），她已经两次考试不是班里的倒数第一了。看着孩子幸福的笑脸，看到孩子比有些正常孩子还好的成绩，小海妈妈说起女儿的变化，每次都笑得合不拢嘴。对小李老师，她除了感谢，还是感谢。

一个不说话的弱智女孩，一个爱微笑的阳光老师，演绎着一段爱的传奇。是啊，教育，不就是用爱召唤爱，用灵魂塑造灵魂，用人格铸就人格的过程吗？都说没有爱就没有教育，我说，有了爱，一切皆有可能！

现在，你如果在我们学校，看到一个端着垃圾盒，幸福地一路小跑着的小女孩，那一定是小海。梳个马尾辫，见了你就微笑着的阳光大女孩，那，就是小李老师！

那个见证着她们的幸福和成长，并与大家分享的人，自然就是我喽。

爱，收获幸福

■ 杨国荣

古人云：望子成龙，望女成凤。人人都希望自己的孩子是人中龙凤，将来都有一番好的成就，好的作为。

在无意间，我发现孩子一有空就在电视机旁，这样不但对她的眼睛不好，而且对她的成长也不利。于是便问她："宝贝！为什么一直看电视？"

"你们都不理我，一有时间就打游戏、逛街，只有电视跟我做伴，所以我就喜欢看电视。"

我的心被深深刺痛了。我记得女儿曾经央求我们带她玩儿，给她讲故事，她曾经很热情地给我们讲她们学校发生的事，但我们总是说没时间……我觉得对不起女儿，于是我提议和女儿一起逛荷花公园，去水之印广场玩。她答应了，兴高采烈，欣喜若狂，欢喜雀跃地关掉电视机。我带着她去池塘里观盛开的荷花，满塘的菱角，玩游戏，荡秋千……

晚上我和女儿一起聊天，聊我小时候的事，聊她学校发生的奇闻趣事……

女儿性格开朗起来了，不再抱着电视机了。其实父母不是让孩子吃好穿好就够了，孩子是有思想的，是需要精神食粮的，只有多和孩子相处，多一些亲子活动，她的生活才会更加丰富多彩，才能让她充分感受童年的快乐。

当女儿犯错时，父母不应该疾言厉色地骂她，甚至打她，来把孩子的不良行为扼杀在萌芽状态。所谓没有规矩，不成方圆。意识是对的，可方法欠妥。父母应该冷静地反省一下自己的态度，再和颜悦色地施以和风细雨的教育，这样既不伤孩子的心，又能达到目的，何乐而不为呢！

用心与孩子沟通，多弯下腰来聆听孩子的心声，站在孩子的角度看待问题、处理问题，多采用讲道理的方式来进行教育。要相信每个孩子的本质都是好的，关键是我们成人的教育。

微笑伴我们同行

■ 王丽娟

时光飞逝，转眼间工作已经有十年了，回想起从教之路，我没有什么轰轰烈烈的壮举，更没有值得称颂的大作为，可是平淡的教学生涯却赋予了我宝贵的课堂教学经验。在教育教学的过程中，我有激动、有愤怒、有无奈、更有迷茫……伴随着自己和学生交往的生命历程，我欣慰地看着我的学生在我的教育下露出满足的笑容，那一张张灿烂笑容的背后是一个个刻骨铭心的故事。

"老师，我们喜欢看你笑……"

在这个故事发生之前，我在课堂教学中，总喜欢不厌其烦地一一指出及纠正学生所犯的各类错误。我几乎为每一个学生都纠正过错误，有时候心里一焦急，还免不了批评几句。一段时间后，我开始觉得课堂上哪里不对劲，怎么气氛越来越沉闷？一想到课堂上死一般的沉寂，我就感到十分失望。特别是当我看到有的学生麻木的表情，任你怎么启发，他就是不动，真是又气又急，恨铁不成钢。我试图尽快改变这种状况，但总找不到方法。

一天，刚上完课，我走出教室，学习委员从后面追上来说："老师，我发现你今天心情挺好，从上课一直面带微笑到下课。老师，您笑得真好看。同学们都说，您每节课都这样该多好。"我一听，不由得停下脚步，问她："难道我平时上课很严肃吗？"她慢吞吞地说："老师，您要不生气，我就给您说。"我摸摸她的头，说："你今天实话实说，老师不怪你。我也感觉最近有些不大对劲，请你帮老师指点迷津，我会诚心接受你的意见的。"她马上说："我们发现您上课经常板着脸，看着您严肃的表情，同学们都大气不敢出，偶尔起来回答问题，您还不太满意，所以我们不敢发表自己的看法。"听完她说的话，我一回想：这节课学生发言非常积极，思维活跃……

原来老师的情绪感染学生的情绪！我找到方法了！我要感谢我的学生，是他们让我在迷茫中找到问题的根源。那么长的时间，我竟然很少带着微笑给他们上课，再加上我过分"周到"的纠错，挫伤了他们学习数学的积极性和自信心。我僵硬的面孔，苍白的语言，怎么能提起学生学习的兴趣？教室是冰凉的，书本是生硬的，教师是无情的，这样的课堂，学生怎能被吸引，怎能不走神？学生人小，却用心地观察着老师的情绪变化，看来，老师的脸的确是一张晴雨表。

从那以后，我努力改变着自己，耐心地听学生回答问题，不再吝啬对学生的表扬和激励，因为我越来越体会到：希望得到别人的肯定是每个人的天性，更何况是孩子。一句积极的评价就是鼓舞孩子奋发向上的强大动力，孩子建立了信心，对待各种事物的态度就会更加积极。

面对眼前同样充满好奇和天真的孩子们，我要珍惜，更要努力让每一个孩子的心中充满阳光，让每一个孩子在爱的抚慰下快乐成长。

春风化雨　润物无声

■ 蔺耀亮

一年前，宣化初中顺利并入新建高台二中。面对新的学校，新的环境，我又开始了一次新的征程，心里感到非常高兴。我暗暗鼓励自己，要在新的学校中努力工作，能有更好的成绩。但是刚开校之后，我就感到了诸多的压力。学校四面没有围墙，从农村五所学校并来的学生对寄宿生活还不适应，作为七年级（2）班班主任的我，积极按照学校的要求对学生进行养成教育（如怎样吃饭、怎样如厕、怎样做卫生、怎样休息），并在班级中制定了一系列的制度，完善了班级的管理网络。在刚开校的一个月中，我每天都早出晚归，送学生去吃饭，教学生做卫生，送学生去午休、晚休。每天晚上，我总是拖着疲惫的身体回家。对学生的教育也是刚柔并济，我总想着自己这样付出了，班级各项评比会很好，但是每周的值周结果总是不尽如人意，尤其自习课上总是吵闹。学生们自习课不守纪律的问题一直困扰着我。

一天，我在班级看晚自习，教室里很安静。临近中考了，同学们都在认真地看书、复习。突然，年级主任找我安排班主任的一些工作。于是，我起身离开教室。等事完，我准备回教室，刚走到教室门口，却发现学生已经在教室里大吵大闹了，我一下怒火就上来了。

我猛地推开门，怒气冲冲地站在教室门口，喧闹声戛然而止，所有的人都抬起头来，看了一下又低下了头，好似在等待着什么。当时我怒火上冲，想揪出几个"反面典型"来训斥一顿，但又没盯住是谁吵的比较厉害。而此时另一股力量也在不断提醒我，要冷静，要冷静。我铁青着脸，一句话不说，站在门口，看着他们。对这些学生的不自觉我非常恼怒，但是我努力地压制着怒火，控制着自己。因为无数次经验教训告诉我，在最生气的时候把学生痛骂一顿并不能起到预期的效果，而一旦说出什么过分的话，冷静下来之后还需要去做工作弥补。可是，今晚学生的表现的确非常不好，一定要趁此机会给他们一个大的教训，让他们真正知道遵守纪律的重要性。

我该怎么办呢？在足足沉默了好几分钟之后，我终于开始说话了："刚才只一会儿时间，你们就这么吵，我非常生气，也非常难过，不是生你们的气，而是生我自己的气。我要好好反思一下这两年来对你们的教育，为什么竟然如此失败！"我的话音低沉而缓慢，听到这话，同学们的头压得更低了，教室里静得连喘气声都能听到。我沉默了一会，接着又说："我觉得我是一个不称职的班主任，我没有让你们真正做到一个自律的人，这也许是我能力有限，我恨我自己，我要惩罚一下自己，我决定做五十个俯卧撑，让我清醒清醒。"

当我做完，站在讲台上，这时的我没急着多说话，而是仔细望着每一位同学，有的人也在不断地抬头看我的表情。他们显然是受到震撼了。许多人脸上露出惭愧、不忍的表情。他们犯了错误，却让老师受罚，似乎没自己什么事一样。对一些懂事的孩子来说，这绝对是一种心灵的煎熬。有个别女生想说话，嘴巴动了动，最终欲言又止。

又沉默了大约五分钟后，我对他们只说了三句话。第一句是：如果你们平时的自习纪律都像现在这样，我将永远为你们感到自豪。第二句话是：我希望我教出来的学生都能够严于律己，做一个能自律的人。第三句话是：还剩下两个多月的时间，我就看你们的表现。最后问了一句："以后怎么做？"我的声音很沉，听上去有点虚弱。可是虚弱的话语所产生的作用是巨大的。学生们反应神速："要安静！"我又笑着说："那做不到呢？"有的人说罚跑10圈，有的人说30圈，有的人说50圈，甚至还有的人说跑100圈。

那天以后，不断地有教师夸赞我们班自习课纪律好。在自习课上，如果有同学不小心说话声音大了一些，马上就会有人提醒他不要讲话，而被提醒的人也感到好像做错了什么，立即就安静了。我自己也几乎没有再就纪律问题批评过他们。而那个晚上的事情，也让所有学生上了刻骨铭心的一课。

用爱去教育　用情去管理

■ 梁　燕

我们认为：要把班级管好、教好、培养好，要组织好、引导好、协调好同学们的学习和生活，要把一个班级搞活，就要心向一处想，劲往一处使，对班级进行精细化管理，建立一个具有很强凝聚力的集体。

八年级学生处于学生时代"断乳期"。处于这个年龄段的学生叛逆心理特别强，老师管得松了他们不以为是，管得严了他们会认为是老师在和他们"找茬"。所以我们必须要把他们抓在手里但不能抓得太紧。这个年龄段的学生不喜欢接受严厉的批评，单纯的说教和谩骂是不行的，要多和他们沟通，了解他们缺什么、需要什么。

我班的小强，从七年级下半学期开始行为有些怪异，学习不用心，还出现谈恋爱的现象，我问他是怎么回事，他低着头也不说，我就让他把想说的话写在周记上。事后的几周，我从周记上了解到，他之所以这样是因为他的父母感情不和，父母经常吵架。而且有一段时间，他的父亲到外乡去打工，很久都没有回家。他经常在想他的爸爸还能回来吗？现阶段的孩子对父母的一举一动都很在意，他们觉得自己已经长大了，不愿意自己的父母把自己当作一个小孩子，他还常常掉眼泪。于是我把他叫来跟他好好说，让他去劝劝自己的父母，孩子是父母感情的纽带。他在家特别懂事，每周回家后他的父亲都不在，于是他就帮他的母亲劈柴，把一周需要的柴火都劈好放整齐，家里的农活他帮着母亲去干。跟我谈话后他的一系列表现让我很感动，我觉得我看到了一个长大的男子汉，学习也有了一定的进步。他是班上的文体委员，对工作也很认真，我很高兴。

新学期伊始，我带着他们走进了八年级，我知道这学期我肯定会遇到很多问题。果然在开学不到一个月的时候，有个学生跟我反映我的班上有几个学生在抽烟，一经调查发现，烟就是小强拿的。找到他后，他很快向我说出了实情，唯一隐瞒了一点就是参与抽烟的同学，看来他还是很有义气的。事后他向我检讨，并说明以后再也不这样了，其实他们也是由于好奇才会做出这样的事情。我们不能避免他们犯错，但我们一定要预防他们犯错。我看出了他的诚心，所以原谅了他。后来从周记本上看出他的父母还是没有和好，仍然在吵架。有次周记上他写道他一个人在晚上跑了出去，一直跑到一个很远的地方，待了好久才回家。已经很迟了，他发现他的父亲还没有睡，所以他睡下之后就哭了，他觉得他很无助。

再后来，我听说他又谈恋爱了，可刚好又遇到了期中考试，我想先考试，考完我再处理。在考完阅卷的时候，他的父亲打电话来了，我在教室上自习，下晚自习后我问他怎么了，他父亲说小强从家里拿了200元钱，让我问问。我感觉当头一棒，怎么会这样，一次性从家里拿200元钱？我把他叫来，我先深呼吸调整自己的情绪，然后心平气和地问他，是不是他拿的，他说他拿了100元，自己买了点零用的东西，身上还剩下50元，他马上拿出给了我。我继续问到底拿了多少，他说就100元。我说你父亲明明说是200元，他低下头，过了好一会才慢吞吞地说，他上周拿了100元。我问他干什么用了，他一直都不说，我就等。我知道如果现在拷问，他肯定不会说，等了一节晚自习（50分钟）后，他终于开口了：他给班里的一个女生买了一个抱熊玩具50多元。说完后他就给我说，老师你千万别说她，千万别骂她，我求你。我沉思了一会，让他先回去。第二天我叫他父亲来学校，我告诉他千万不要用暴力解决这件事情，你先想想自己有没有做的不对的地方，你们夫妻有矛盾不要总展现在孩子面前，要多给孩子一点爱。说完后他的父亲也向我表示以后会注意的。那周周末，他回家后将剩下的钱给了他父亲，并且向他父亲保证以后再也不这样了，要好好学习。第二周回来后，他又向我递交了一份检讨，保证以后一定好好学习。他说老师看我的表现吧，我不会让你们失望的。我从他的脸上看到了一丝真诚的笑容。之后的学习中他确实很用功，尤其在英语方面，他变成了这个班男生里英语最突出的一个，我还让他给全班同学传授过经验。慢慢地，他变得自信了许多。想想当初，如果我在他做了一连串坏事之后就使劲批评，不给他机会的话，他能像现在这样吗？

有的时候教育学生还真得沉住气，不能在他们做一次坏事之后就认定他们永远也改不过来了，机会对每个人都很重要。所以我要用爱去教育，情感化管理。

"一树一菩提，一沙一世界。"细节是折射世界的一粒沙，它是手段，完美是结果；它是过程，完美是结局。班级管理要从小事抓起，在细节上多下工夫，持之以恒，锲而不舍，这样才能促进学生自我教育、自主发展、健康成长，进而带动整个班集体的健康成长和发展。

严在当严处 爱在细微中

■ 周全德

光阴荏苒，踏上讲台至今已经度过了十三个春秋。十三年的教学工作有苦有甜，有泪有笑，但我依然此生无悔，因为走进学生的世界，我的心是快乐的，我熟悉了他们的声音，看惯了他们的眼神，那表情里的音乐、小说、诗歌、散文是我怎么也读不厌的画卷。有人说："选择教师生涯就选择了清贫，选择了默默无闻。"也有人说："教师的职业是太阳底下最神圣、最伟大的职业。"而我认为，如果你觉得教师职业是快乐的，你就一定能从中体会到无穷的快乐，这些快乐不仅来源于你的心态，也来源于我们所面对的群体——学生。在多年的教学工作中，我一直用爱心、耐心、关心和热心的堆砌来赢得学生们的亲近、感激、尊重和爱戴。在与学生的相处中我也收获了快乐，以及对教育的另一种解读。

我在班主任工作中一直掌握不伤害学生自尊心的原则，严慈相济，在学生表现好的时候绝不吝啬赞美的语言，在学生犯错的时候也绝不姑息迁就。比如，在每学期刚开始带新班时，班里卫生什么地方打扫的不好了，我会亲自打扫，虽说是教给学生怎么打扫，实则也是给学生看看老师都能做好，我们为什么做不好呢？没擦净的玻璃我擦过，没拖干净的教室地面我拖过，厕所的马桶也和学生一起清理过……在许多工作中我都起到率先垂范作用，才给了学生潜移默化的影响，建立了和谐的师生关系和班级氛围。在我们班，师生之间的关系是平等的，学生之间的关系自然也是和谐的，以大欺小的现象也没有了存在的土壤，这样的班集体中，自然传递着正能量。

爱心，是想学生所想，不断给学生前进的方向和动力。

班内无小事，处处是教育，我总是注意去发现和利用一些小的契机去开导学生，如每周的周记、学期评语，对每一位学生，我总是力求抓住特点，用殷切的话语给其以激励和警醒。我班的周记在一些同学的心目中是倾诉自己苦衷的平台，是学生的心理咨询箱。周记交流发挥的效果是跟学生面对面交谈无法达到的。2007年，班里有个学生小燕，总是沉默寡言，好像有什么心事。我通过了解才知道，她的家庭是一个重组家庭。母亲在她出生不久后就离家出走。在她10岁时，他的父亲又成家了，并且又生了小孩，在这个家里她感觉自己好像是多余的，有一次她在周记中倾诉自己的苦衷。我看过周记后，又从她们同村的同学中了解了她家的情况。我在周记中劝导她要振作起来，用自己的努力证明自己的价值，并通过周记跟她交流如何跟自己的继母沟通，同时通过电话跟他的父亲交流，以辅助她，让她在家里感觉到她对这个家庭的重要性。之后，周记成了我和她交流的平台，她家里的什么事都会跟我说。而电话是我和他父亲交流的平台，通过这两座桥的连接，不到半学期，她变了，变得爱说爱笑了。在我这里，周记中的评语好像一张张处方，通过这一张张别样的处方，治愈了不少学生学习中的困惑，心理上的纠结和与家长、同学的矛盾……

爱心，就是以奉献之心、理解之心、平等之心和宽容之心对待着每一个学生。

我校是一所全寄宿制的学校，学生都是从农村来的，有的学生离家七八十公里，许多事情都由老师全权代为监管。可以说在这里，老师是既当爹又当妈。去年我接的班，班里有几个学生有特殊疾病，常有发作的现象。在刚接班时，原先的班主任就告诉我这些特殊情况。果不其然，开学不到两天，晚上我回到家刚睡下，值班老师就打来电话，说学生管某发病了，让我赶快赶到学校，结果学生肖某也同样发病了。初次见到这样的情况，我感觉非常紧张，和值周老师一同把两位学生送去医院。同时联系家长，肖某家离城不远，家长很快赶到，而管某家离县城有80多公里，深更半夜，家长无法赶到。于是我就带着她就诊、帮她缴费、送化验单、取药，看着她输液，到输完液回到学校已经是凌晨两点多了。后面几周，管某、郑某又多次有这样的情况出现，有时白天发病，有时晚上发病。有一次晚上十二点多发病，我打电话联系出租车，没人愿意来，最后想到有车的朋友，还是让朋友开车帮忙送到医院的。虽然我们现在的新学校建校还不到两年，但是像这样送学生到医院就医的情况已经是多次了。王某晚上发烧，送到医院打完退烧针，又送回学校；小伟肚子疼痛，送到医院输液，直到家长从罗城赶来；屈某腿痛站不住，我用摩托带到医院后，背着他去找大夫，大夫要求住院，直到我把住院手续办完并安顿住院后，家长才从新坝赶来……虽然人们可能觉得这些付出是额外工作，但是这样的付出回报很大。管某对班里的事务非常上心，班级手抄报积极参与承办，学校安排的文艺节目汇演，她主动负责编排、组织同学练习，并且在学校汇演中获得二等奖。王某学习更上心了，不爱学习的小伟爱学物理了，调皮捣蛋的屈某再也不在自习课上捣蛋了……这些改变，我知道是这些学生换了一种方式感恩老师。同时这些事情，使班里的学生觉得老师是关心他们的，有困难时老师是值得信任的。老师像父母一样爱着他们。

　　注重站在学生的角度去思想体验，以达成思考共鸣；用赞许的目光看学生、轻轻拍拍学生的后背，以表示对他的肯定，学生感受到的是欣慰和老师对他的关心、鼓励。在学生面前，从不表现出凌驾于学生之上的架势，总是耐心地把握最佳的教育时机，及时转化矛盾和冲突。对待后进生、性格特别的学生，则应实施爱心教育、赏识教育、快乐教育、价值观教育。做到以心交心，以情换情，使学生"亲其师，信其道"。捧出一颗热心，献出一份真情，在潜移默化中用自己的行动影响学生。严在当严处，爱在细微中，用行动感染学生、带动学生、教育学生。可以说，作为一名教师，只有走进学生的心灵深处，才能在教书育人中起到事半功倍的效果。

给点信任就有收获

■ 杨永寿

有人说过这样的一句话："老师不经意的一句话，可能会创造一个奇迹；老师不经意的一个眼神，也许会扼杀一个人才。"老师习以为常的行为，对学生终身的发展也许会产生不可估量的影响。作为一名老师，应该经常回顾自己以往的教育历程，反思一下自己，造就了多少个遗憾，伤了多少颗童心，遗忘了多少个不该遗忘的角落！做教师，即使没有能力点燃火种，也绝不能熄灭火种！面对眼前充满好奇和天真的孩子们，要珍惜，更要努力让每一个孩子的心中充满阳光，让每一个孩子在爱的抚慰下快乐成长。

记得刚参加工作担任班主任时，我既激动又担心。也许是太想管好班级了，也许是太急于想证明自己了，我一"上任"就制定了许多班级条例，在班会课上大声训读，强调哪些"不准"，哪些"不该"，并经常训斥一些犯了错误的学生。我还经常怀疑这些学生犯错，为此不惜在班级安排"间谍"，常威胁他们如果再犯，就把你们家长叫来等，真恨不得让他们在班上"消失"……原以为这些板着脸批评的"铁腕"会使学生有所收敛，但经过一段时间我发现效果却很不理想。班级中违反纪律的事时常发生，一些学生依然我行我素，任凭我大呼小叫地"教训"与"威胁"，依然不起作用。甚至有一些学生见到我就远远地躲开，避而远之。而且同学之间关系紧张，班级不团结。我怎么会这么不受欢迎？我究竟怎么办？

带着这些问题，我请教了一些老教师，反思自己的教育行为，我找到了原因：平时我老是摆出一副教师的架势"训人"，很少与学生有心与心的接触；对学生总是批评、怀疑，很少表扬、信任；上课总是板着脸；教育学生时总是搬出一大堆条条框框，既生硬又老套，缺乏灵活的方式，教育有时变成了"教训",很难让学生信服。尤其是几个"学困生"这样写道:"老师,我觉得你看不起我,我虽然成绩差,但我也有优点啊……"

在教师们的指点与帮助下,我决定摒弃以前的教育方式,对每一个学生都用一种相信的眼光去看待:相信学生,相信每一个学生都有成功的潜能;期待学生,期待每一个学生的转变。尤其是对一些"学困生",不应该总是批评,应尽量发觉他们身上的闪光点,并肯定他们的优点,给他们一点阳光,让他们感受到老师对他们的关注与关爱,逐步让他们改变自己。

小强是班上一位性格很内向的男生,不善于与人交流,且作业书写极其潦草,成绩很不理想。原以为这样"内向"的学生会很"安分",很好管理,但事实并非如此。有好几次上课他都换了位置,还有一次他还带着手机听音乐!真是忍无可忍!我在第二天的班会课上就狠狠批评:"看你平时一副老实样,但背着老师却是这样的不老实!"我简直把他说得一无是处。虽然他低下了头,但看得出他并不接受这样的批评。以后一段时间他依然如此,对自己也越来越没信心。

然而上学期运动会却改变了他!赛前报名时有人推荐他,说他体育成绩很好,可以去试试。我起先用怀疑的眼光看着他,最后我还是决定要给他一次表现的机会,相信他一次。于是动员他报名。一开始他不大愿意。在我的再三鼓励下他终于勇敢地报了名。但说实话,当时我对他还是有点不放心,平时像病猫一样一声不吭的他,在运动场上行吗?但我还是要相信"每一位学生都有成功的潜能",赛前我鼓励他:"小强,不要有压力,老师相信你,全班同学也相信你!用你的行动来证明自己,为班级争光!"

果然,在运动会上他一鸣惊人!他成功了!勇夺200米短跑冠军,还配合其他三位同学夺得了400米接力赛冠军!我惊呆了,全班同学也惊呆了!我终于忍不住内心的狂喜,在全班同学面前表扬他:"小强,好样的!再接再厉,在学习中也发挥你今天在运动场上的拼搏精神,相信你会做得很好!"我还建议全班同学对他勇敢的拼搏精神报以最热烈的掌声。在掌声中,他脸红了,眼睛也湿润了……

从此,他似乎换了个人似的,不仅不良习惯少了,学习也比以前用心了。我感慨万千,常听专家说教育的本质在于"唤醒"学生,现在,我也唤醒了一位曾经被人瞧不起,连他自己也看不起自己的学生!虽然他现在的成绩还不够理想,但我相信他会成功的。

这些虽然是学校生活中的一些小事，但我却从中明白了很多。正如一位教育家曾说过："我们教育者所教育的对象的心灵绝不是一毛之地，而是一片已经萌生着美好思想道德的田地。因此，作为教师的责任是首先在于发现并扶正学生心灵土壤中的每一株幼苗，让它们不断壮大，最后排挤掉已有缺点的杂草。"

　　我相信，有时表扬与肯定一个学生的优点，会比直接批评一个学生的缺点，效果要好得多。给点阳光给我们可爱的学生吧，我想每一个学生的成长都需要有灿烂阳光的照耀！

让辛勤的汗水浇灌成功之花

■ 田明亮

现在回想，多年的教育教学工作就像发生在昨天一样，一个个鲜活的面容都闪现在脑海中，历历在目。每每想起的一些印象深刻、触动我内心的"事迹"，并不是那些成绩优异、家庭富裕、被爱包围的学生，恰恰相反却是那些在我看来是问题最多、常让我牵肠挂肚的孩子们。班主任工作琐碎而繁多，作为班主任的我们，必须在践行社会主义核心价值观的同时，把教育渗透在学生思想、学习、生活的方方面面。

开学之初，一位同学因看病，在回来时，在路边的饰品店转了转，上课铃响后，她气喘吁吁地站在教室门外，由于恰好嗓子发炎喊不出"报告"二字，便在教室外急得小脸通红，双手紧紧抓住教室的门框，好在我及时发现了她，于是立刻对她说了一句："我一看就知道你特别特别地爱我们的教室，瞧，你把门抓得多紧！进来吧！"那学生笑眯眯地进来了，自然不再慌乱，并打心眼里感激这位善解人意的好老师。之后我利用"班团活动""德育教育"开展以"宽容"为主题的活动，经常给学生讲解关于宽容的哲理故事、时事新闻。教育学生用一颗宽容之心去接纳自己的得失、包容别人的对错，我认为：心宽了路就宽了、矛盾就少了、班级就和谐了。

我班有位学困生陈某，上学期学习成绩在全年级中排在倒数之列，但这位学生好表现，想"当官"欲望也很强烈，平时是班干部的对手，班干部说东，他就要往西，班干部叫他晚读不要吵，他偏更吵，以引起全班同学的注意。我了解情况后，采用"怀柔"政策，委以考查班干部之"重任"，这位学生干劲非常足，我加以引导，现在已经成为班级管理中的得力助手，值得高兴是他的成绩也不断进步！其实，每一个学生都有他的优点和长处，作为班主任要善于发现他们的闪光点，并加以引导，让每一个学生在班级中发挥他的优势和作用，让每一个学生都能成为班主任的助手。

在班级管理过程中，学生的思维可能会跟不上老师的步调，在心与心的碰撞之中，作为班主任要学会宽容对待犯错误的学生，鼓励求同存异。开学初的一个周日下午，我班后进生盛某由于和家长闹了矛盾而没有到校上课，下午我和两名学生亲自到他家找他问原因，但他由于家长在场，也就没说什么。晚上，他通过QQ给我留言，说明了真相，说不想上学了。我告诉他，学校大门时时为他敞开，先别急着下结论。结果第二天，他就和家长来学校说是上课，通过我们面对面的交流谈心，到现在班内同学也说盛某在学习上有了明显的变化。

通过这些事，我也深深地体会到，老师要用一颗善良宽厚、真挚热诚的心包容学生们，学生在老师处理问题的过程中才会自我反省、心悦诚服。所以有时，一个眼神，一句话也会成就学生的一片天空。

我的教育故事
——No pains, no gains!

■ 雷晓萍

时光荏苒，当中学教师已经第十个年头了，带出的学生自己都不记得有多少了。这些年有成功、有失败，有付出、也有收获，但我总是告诉自己"No pains, no gains!"你为学生付出多少，你就有多少收获。

还记得刚刚当老师那会，我对于教育教学还停留在电视上那种师生关系相当和睦的理想化状态，所以平常喜欢和学生交朋友，对学生要求也不高，对他们也很宽容。可第一次考试结束以后，我傻眼了，我所带班级的教学成绩很不理想，这时，我才真正意识到自己需要做的还有很多。尽管后来自己对之前的有些做法进行了极大的改进，但由于对学生提高要求，难免有些学生会因完不成任务受到批评，我跟学生之间的关系就没有以前那么融洽了。尽管我自己做了很大的努力，但是当年我的教学成绩仍然不是很理想。为此，我后来还在组内进行了表态发言。有些家长对我的教学水平也产生了怀疑。为此，我真的苦恼了很长一段时间。我觉得我不能这样下去了，我必须要改变这种不良状态。第二年，我带两个七年级班、一个八年级班的英语。对于农村的学生来说，以前没有接触过英语，从七年级才开始学习，难免有困难，所以我就从培养学生的英语学习习惯开始。

我每天早晨让学生提前十五分钟坐到教室里，让有上过英语补习班的同学带领其他同学大声地朗读。刚开始有些学生对我的这种做法很不喜欢，每天总有一部分学生不能按时到教室里，我就和班主任沟通、和同学们集体交流或个别交流。我问同学们"你们是否想学好英语"时，他们的答案是肯定的，我告诉他们学好英语需要的是持之以恒。我让他们将"No pains, no gains!"写在黑板上。为了让学生们都能按时到校，每天，我都坚持比同学们早到教室，并站在门前等着他们，时间久了他们慢慢地习惯了，都能按时坐到教室开始读英语。这样坚持了一段时间，学生们从以前上课不敢说、不敢读，到不管是优生还是学困生都能做到通顺朗读课文。后来，我还坚持每天上课都听写单词、句子，下课后及时批阅，并让听写不合格的同学亲自找我背诵，做到人人过关。课堂中我除了坚持让学生大量读英语、大量说英语以外，还坚持让他们自己给自己或者其他同学讲知识点，变"老师给学生讲"为"学生给学生讲、学生给老师讲"，通过大量的读、说和学生讲解知识，不但提高了学生的听、说、读、写的能力，同时也提高了学生的应试能力。对于学生作业中出现的问题，我也是让学生一一到我这里领作业本，并自己指出自己的错误，对于不懂的我及时给他们纠正。当时，学校离家远，我一周才回一次家，所以，我利用下班后大部分休息时间完成这些事情。

尽管这样工作量很大，但只有付出才会有收获。就这样，坚持了半个学期，期中考试以后，我所带七年级的成绩比同年级其他班级的成绩高出很多，而且有些同学与以前跟他学习差不多的其他班同学相比，英语成绩也高出很多，八年级的学生成绩也有很大的进步，这时学生们才理解了"No pains, no gains!"同时，对英语学习也有了极大的信心。因为他们真正掌握了学习的方法，英语上有了很大的收获。所以，他们后来也逐渐理解了我的良苦用心，和我的关系越来越好。有很多学生毕业很久了，还记得给我打个电话嘘寒问暖，这也使我真正感受到了教书育人所带给人的成就感和快乐。

现在，我当中学教师已经十年了。在这十年中，我也积累了很多教育教学的经验，在新的教学理念下，教学方式在不断地发生转变，但我始终认为，不管是以前教英语、化学，还是现在教生物，要想提高学生的综合素质和学习成绩，就只有"No pains, no gains!"

用爱浇灌每一个学生

■ 李 栋

爱铸造着生命，印记着历史，培植着未来。没有爱就没有教育。

教育，是对心灵的耕耘。

我从教十余年来，也当过多年的班主任，带过的学生无数。回想起自己的教书生涯，最令我难忘的人非他们——我的学生朋友莫属。

我的朋友，2008年七月毕业的一班学生们。这些学生是我从2006年七年级一直带到毕业的。说实话，能和他们成为朋友，是因我怀着慈悲之心尊重每一个学生，接纳他们，包容他们，让孩子成为他自己。也许是因为他们的学习成绩和行为习惯整体不好。在2006年分到我们班的部分同学学习基础相当差。但他们也有优点，就是诚实、心地善良。我是一个兢兢业业，认认真真干工作的人，对于学校的安排我毫无怨言，也许是因为这些学生成绩差，我格外用心，我想通过我的努力，让他们找到各自的人生方向。

从七年级开始，我就鼓励那些基础相对好点儿的学生，让他们树立信心，用心认真地学习，并指导他们的学习方法和策略；而对那些学习基础不好的学生，则加强思想纪律教育，在课堂上不要捣乱，能学多少学多少，培养他们的责任心和集体荣誉感，在学习方面不能为班级加分，可以在卫生方面和学校组织的各项活动中多为班级服务。在这些同学的辛勤劳动中，我们班的卫生面貌发生了质的改变并且连续三周得到了全校第一名的成绩，演讲比赛、运动会等活动中也多次取得团体第一的好成绩。随着"优秀班集体"奖状的颁发，同学们表现得更好了，在学习上你追我赶，每次考试都在进步。那三年，我对这些学生点点滴滴的进步看在眼里，喜在心头。

在我的记忆中尤为深刻的一个人就是万某。他是一个自我约束能力较弱的学生，无论是上课还是课间活动，无论是在学校还是离开学校后，他总能惹事（当然这里的事也并不是什么违法之事，而是由于调皮捣蛋引发的一些鸡毛蒜皮之事），不能很好地遵守班级纪律，一段时间内让我很是头疼。虽然他的行为总是与班级格格不入，但并不是一无是处，他思维敏捷，头脑聪慧。我也没有因为他的所作所为而看不起或是忽视他。我想处于青春期的他们，更多的是需要家长、老师的关心和爱，而不是责备。所以抓住这一闪光点，我多次找他谈心，去他家和他父母交流。经过自己的不懈努力，半学期的时间，他有了很大改变，无论听讲还是自习都能较好地遵守纪律，能积极参加学校班级组织的各项活动，并且成绩也有了较大提升，排在了班级前十名。

有付出就有收获，经过我的不懈坚持和学生们的共同努力，班级学生的行为习惯得到了改善，成绩也有了较大提升。我们班的中考成绩相当不错，较好地完成了学校给我们定的任务。学习好的同学，如愿地考上了高中，学习不好的同学有的上了技校，有的和家人一起打工。到现在，那些毕业的学生还不时地给我打电话、发短信、聊生活、聊学习，说得最多的依然是感激的话。逢年过节，他们回家聚会时还不忘邀我同去，没有师生观念，只有朋友之情。这些让我从心底感到慰藉，我觉得比知识更重要的是健康心理，责任心和乐观的心态。

光阴似箭，三年一届的学生送走了一批，又迎来了另一批。"金无足赤，人无完人"，每一个学生都有长处，每一个学生都有值得学习的地方，只要我们用心去发现孩子们的闪光点，用爱心浇灌，耐心教导他们并及时鼓励表扬他们，让他们将闪光点发扬光大，也许他们成不了才但一定会成人，他们的学习成就可能不高，但只要他们走上社会，做知礼守法的公民，对社会有用，这应该就是我们教育的成功之处了！

作为老师，对于学生，只要我们付出的是真心、耐心和爱心，学生们总是会懂的。我们也总会得到学生的爱戴、家长的信任和社会的肯定。

让班级管理有只"眼睛"

■ 盛红星

在多年的班级管理中,我深信一句话:"知其心,然后能求其失也。"作为一名班主任,要深入地了解学生,走进学生的心灵,及时洞察学生的内心世界,准确把握学生的心理健康状况,进行因势利导、有的放矢的教育,才能取得事半功倍的效果。班主任如果对学生没有深入的了解,班级管理就会陷入盲目,师生之间就缺乏沟通和了解,感情就会有隔阂,这种情况对班级管理极为不利。为了有效管理班级,我探索的办法是写"师生互动日记"。我深刻体会到:只要运用得当,"师生互动日记"就像是架在师生之间沟通的桥梁,能缩短师生之间的心灵距离,为班级管理镶上只"眼睛"。

2013年9月,由于全县教育布局调整,我调入高台二中,任教八(9)班的语文,并担任八(9)班的班主任。面对一群从原来五所学校合并而来的学生,为了便于了解学生的思想动态,加强我与学生之间的了解与沟通,我和学生商议坚持写"师生互动日记"。开始的一周,学生的日记内容空洞,记流水账似的言之无物。尽管没有达到我预设的效果,我还是强压住内心的失望与怒火,努力寻找学生在日记中流露出的某种欲望或想法,并且给学生的日记写上赞赏之辞,同时在班主任日常工作中,尽量满足学生的一些合理要求。第二周,我在写"师生互动日记"时,眼前豁然一亮,泛泛而谈的流水账似的日记不见了,写日记的学生都能敞开自己的心扉,把自己的心事向我诉说,把"师生互动日记"作为心灵温馨的港湾,停泊苦恼与喜悦、成功与失败。期中考试过后,有的学生在日记中写道,由于自己考得不太理想,很难过,觉得在同学和老师面前抬不起头。因此,我在"师生互动日记"中写道:"天下无难事,只怕有心人""坚持到底,才能胜利"等话语,鼓励这些学生重拾自信，多与同学和老师交流，多摸索学习方法。此后，在这些学生的日记中，总能看到他们写下的摸索出的一些学习方法。每次看到他们的进步，我便及时写下表扬的话语。一段时间下来，他们各方面都有了一定的进步。有一位女生叫娇娇，她的母亲病逝了，她与爸爸生活在一起。有一次，她在日记中告诉我，有一个男生骂她是个没妈的孩子，她十分气愤，就冲上去用书砸了那个男生。我在"师生互动日记"对她说："那个男生骂你是他的不对。可你也该冷静地想一想，你的妈妈希望你这样处理事情吗，你的平安就是对她的最大慰藉。明白这一点，相信你以后做事的时候就不会太冲动了。"后来她在日记中写道："老师，打人是我的不对。我知道了，同学之间应该团结友爱。"我在日记中表扬了她的知错就改，她的心情也变得开朗起来，和同学的关系也处得非常融洽。

当平时表现较好的学生因犯了错误而在日记中责备自己时，我会说："老师始终相信你。"当有的学生在日记中流露出不自信或为学习退步而迷茫时，我会说："相信自己，一定能行！"老师饱含情感的话语如同滴滴甘露滋润学生的心田，会使他们感动，使他们对教师产生亲近感与仰慕心理，会激励他们更好地做人和学习。有责任感的学生不时地会在日记中反映班级中的各种事情，有时还会发表自己的看法，提出各种建议和意见。此时，我会表扬他们的责任心和集体荣誉感，然后，针对他们的不同看法和意见进行适当的处理。从而，"师生互动日记"就成了班主任的"眼睛"，帮助班主任更好地掌握班级的各种情况，筛选信息，正确处理班级事务，培养正确的集体舆论和优良班风。

美国心理学家罗杰斯说过："成功的教学依赖于一种真诚的尊重和信任的师生关系，依赖于一种和谐安全的课堂气氛。"老师通过"师生互动日记"与学生的交流，创建和谐师生关系。学生在日记中记录他们的收获与不足，这不但能让他们更好地评价自己的学习，同时，老师也可以更全面地了解学生的学习历程，改进自己的教学。

一次，一位非常调皮的学生赵自豪在日记中写道："老师，其实我也是爱学习的，只不过有时候常常管不住自己，希望你以后多鼓励我，我一定改正，不再惹您生气了。"第二天，我与他进行了单独交流。课堂上，我有意识表扬他，帮助解决其学习上的困难。孩子的自信心有了，自控力、学习自觉性强了。"师生互动日记"让我和孩子的心贴得更近了，从中得到的信息促使我一步步地改进教学方法,适应学生的学习;而学生在"师生互动日记"的影响下,更注重学习的方法,反省自己的学习习惯,给自己一个正确的评价,并在教师的肯定中得到快乐和信心。

一位学生在日记中写道:"老师,您给我们讲课、批改作业,非常辛苦,我以后一定要认真听讲,写字姿势端正,不让您老是提醒。"

我在后边写上:"老师相信,有心的你一定会改正不足,懂事的你各方面的表现一定会越来越棒!"

过去我总是习惯"用一把尺子衡量学生",伴随着一篇篇学生的成长日记,我从中获得启迪,不断地审视自我,让我和学生一起成长,逐渐深入对教育的认识,不断更新教育理念,增长教育智慧,不断地感受着心灵的碰撞,用一把把"钥匙"打开一个个学生的"心结"。在教育教学中,我找到了更好的交流驿站——互动日记,它将使我和学生的心贴得更近、更紧。

幼 苗

■ 裴玉芳

这节是科学课，我和孩子们讨论植物的生命周期。教孩子们如何选种、播种、观察幼苗的生长变化。

讲课期间，我发现一个男孩子不停地把手放在课桌抽屉低着头玩弄着什么，我边讲课边用眼神示意他专心听讲，但他还是不停地摆弄抽屉里的东西。我不动声色边讲边走到他身旁，忽然停止讲课。盯着他看了几秒钟，厉声说："拿出来！"孩子惶恐地用身体挡住了抽屉里的东西。"哗"全班目光集中到了孩子身上，教室里静极了。他顿时脸红了，不知所措地看看我，还是用身体堵住抽屉。我火了，不由分说拉开他，强行从他抽屉里夺过手里的东西。随即，我愣住了！是半截小铁盒，里面是一株刚长出叶子的幼苗！多有心多可爱的孩子！我曾跟他们说过，我们将开始种一颗种子来观察学习，大多数的同学早把我的话忘得一干二净。而他的种子已经开始长叶，今天他知道科学课可能要学习观察但没敢拿出来。我为自己的莽撞而尴尬内疚！

我随机表扬了他："真不错！你的种子已经长叶了！"孩子的神态由惊慌变得骄傲。"你这是什么植物？""合欢。"我趁机让他给大家讲讲播种以及观察到的生长变化。孩子兴奋了，讲得头头是道，比我空洞的说教生动多了！

课后我很感慨，大多时候，我们迷信于师道尊严而忽视了孩子的心灵，迷信于书本教条而忽视了孩子实践学习的过程。这是不是对这些幼苗严重的摧残呢？

播洒爱的种子

■ 王得兵

从事教育工作多年的我，一直坚信，要用自己的爱心教育孩子。处于青春期的孩子还并未定性，不要过早地为他们贴上"好""坏"的标签。

我曾带的班里有一个叫涛的学生，父母离异，父亲长期在外打工，把他寄养在大伯家里。这名学生学习和行为习惯都非常差，和他交流，他也什么都不说。有一次他发烧了，班里学生告诉我时已经下了晚自习，我带他到诊所看病并给他付了医药费，回到学校已经快十一点了，我只对他说了句"老师和同学们都很关心你，希望你快点好起来"便把他送回了宿舍。他在当周的周记中写道：爸爸妈妈都不要我，我以为我是多余的，原来老师和同学们还关心我，我以后一定好好学习。从那以后，他做什么事都认真了，虽然学习没有赶上来，但行为习惯有了很大的转变。

另一个叫林的学生，特别喜欢体育活动，各项运动都很不错，但是他在学习上可是最令我头痛的了。他经常不交作业，书写可以说是全班最差的一个，总是涂涂改改的，课堂总是有小动作，甚至有次还顶撞科学老师。每次我批评他，他都立刻接受说会改正，可过后又犯。一天，他上课做小动作被校长看到，校长批评我说我没管理好班级纪律。说实话，我自问尽职尽责，劳心劳力，受到领导的批评，心里很不好受。当时，我很想狠狠地扁他一顿，但我没有这样做，而是委婉地批评了他，并把这件事告诉了他。他知道这件事后，给我写了一张字条，上面写道："老师，我知道你不会再相信我了，你给过我很多次机会要我改正，可我没有做到，这次还害您受批评，但是，我保证这是最后一次。我答应你的我会做到的。"之后，他真的变化很大。作业按时完成了，也很少听到任课老师说他违纪了。另外，我又发现他积极劳动，班里很多脏活累活都是他去做。看到他的品质得到提高，我很欣慰，但他的成绩还没提高。我了解到这个孩子很敬爱他妈妈，我就跟他说："你的学习不好，难道又不怕你的妈妈骂吗？如果她看到你的成绩进步了，她还会表扬你、奖励你呢？难道你不想给她一个惊喜吗？还有，你在运动场上的那种干劲，为班级争光的精神，值得同学们学习，如果你在学习上也拿出这样的精神来，老师、同学们会更喜欢你的，难道你不想吗？"当时他听了以后对我说："老师，我听你的话，认真读书，不过我基础差，只能先保证语文及格。"过后，我看到他经常背古诗。通过一段时间的努力，他的语文成绩确实及格了。他对我说，只要再给他多点时间，他还会提高。真的，一次测验，他考了92分，当我在班上念出他的分数，我的心情非常激动，同学也是对他刮目相看。他自己也很高兴，但他没有骄傲。他说，还有数学和英语需要努力呢。总之，他进步了，不管他能坚持多久，只要在他身上给予更多的关爱，我想他会慢慢进步的。通过我的耐心教育，会慢慢让他改掉不良习气。我会时时关注他的表现，发现问题及时根治，要让他感觉到老师时刻关心着他，相信他一定会进步的！

有一次，一位教师在上课，我在教室外观察学生上课情况。班上一片吵闹声：有的人敲桌子，有的人哼小调，有的人拿粉笔乱扔乱投，有的人走下座位……当时，我真想冲进教室把不守纪律的几个学生拉出来狠狠惩罚一顿，给他们一点厉害看看。但我没有这样做，我克制住自己的怒火。班会上，我把看到的课堂情况描述了一番。学生预感到：班主任马上要严厉教训那几个不守纪律的同学了。此时，我看着那几个上课不守纪律的学生，他们纷纷低下头，等待我的处罚。但是，我这次并没有教训那几个学生，而是心平气和地分析上课不守纪律给自己、同学和老师带来的危害。然后，我给同学们布置了两篇周记：《假如我是班主任》《和班主任老师谈谈心里话》。两天后，周记交上来了。周记里，大多数学生写的是真情实话。他们反映出了自己的苦恼和要求。有的学生反映："我的成绩不好，有的老师说我像驴一样笨，伤害了我的自尊心。我们成绩差的学生更需要老师的爱。"有的学生说："我在家里常遭父母的打骂，在学校又常挨老师的批评，我家里家外不是人，其实我也想好好学习，做一个遵纪守法的好学生。我多希望家庭多给一点温暖，老师多给一点关心啊！"还有个学生这样写："有一次，我因生病发烧而迟到，班主任不分青红皂白地说：'你又睡懒觉了！'并且严厉地批评我。我不服，老师伤害了我的自尊心。从此，我就破罐破摔，事事和班主任对着干，大不了我回家，不读书罢了。"我对学生们反映的情况和提出的要求，逐个进行了分析，寻求解决问题的方法。接着，我召开了学生座谈会，听取大家的意见，并找了那位被我误解的同学谈心。我还在班会上说，那次不应该不经调查而错怪了他。从此，那位同学逐渐改掉了不守纪律的毛病，成为文明守纪的标兵。

我还多次召开任课老师和学生座谈会，请任课老师和学生们交心。教师们根据我班的情况表示愿意从基础抓起，这样师生的思想得以沟通。老师的爱和情像春风一样，吹暖了每个同学的心灵。得到老师理解和关心的同学们，在愉快中学习，在充满温暖幸福的环境里茁壮成长。

爱的力量确实是无限的，它可以产生融化冰雪的力量。多么顽皮的儿童，在滚烫的师爱面前，也会低下愧疚的头。愿我们当老师者多给每颗童心都播洒些爱吧，让教育事业能更加焕发青春！

我的教育故事

■ 郑占新

转眼间,我从事信息技术教学已经有13年了。我在信息技术教学中,通过不断地学习和探究,发现在信息技术课中培养学生的实际动手操作能力还是比较方便的。应该说,信息技术教育从本质上说是一门动手性、实践性很强的学科。不管是从最基本的文字输入、编辑排版,还是电子邮件发送、网页浏览、网页制作等,都需要经过实际动手操作才能完成。尽管现在已经有了很多比较先进的声控(语音)输入等,但我相信,世界上会操作计算机的人当中,必定有90%以上还是习惯于通过使用键盘、鼠标等计算机输入设备来操作、指挥计算机,来与计算机打交道的。

信息技术课是得天独厚的一门实践课程,为正确培养学生良好的实际动手能力打下了基础。余下的问题,就是作为教师的我们如何引导学生来养成这种"动手"习惯,这是该学科教育的关键所在。

说到我的信息技术教学故事,记得有一次,我上了一节理论课,同学们上课毫无热情,多数同学不听讲。我提问了两三个同学,回答的我都不满意。我当时很不高兴,心想怎么信息课学生不愿意上呢?下课后我问了些学生,学生回答是愿上操作课。

第二次我上操作课,讲Frontpage操作。我先操作给学生看了一遍,然后叫学生操作,结果多数学生还是不会操作,我分析了一下原因,可能是学生对学习不感兴趣,因为该门课程不用考试,多数学生还是不重视。

第三次上操作课,我想了一些办法,利用丰富多彩的教学语言使信息技术课堂教学变得不再枯燥无味。以学生操作为主,老师讲授为辅。老师增强语言的幽默感,使自己教得轻松,学生学得愉快,老师先布置任务,让学生分组学习，并且学完后老师分组给学生打分，学生也给学生打分，这样就激发了学生学习的积极性，提高了学习兴趣。课后几分钟让学生自由支配，可以上上网，玩玩游戏。这堂课，我教授了理论知识，学生锻炼了操作能力并且学生喜欢上信息课了。

通过多年的教学，在教学实践中我发现，一切应从学生主体地位出发，让学生成为知识技能的"探究者"、难点问题的"突破者"，使学生真正地成为学习的主人。实践证明，以此作为原则的课堂是生动的，是学生所乐于接受的。在以后的教学实践中，我会把它作为永远不变的中心法则，使课堂真正成为学生的舞台。

正确培养学生的实践动手操作能力必须有一个比较好的、容易被学生接受的方法。毋庸讳言，学生非常愿意上"信息技术课"，那么，作为教师，如何把学生的兴趣引导到课堂教学上来，让学生尽可能长时间地保持这种兴趣，才是真正值得我们去研究的课题。我在一次教学中通过"金山打字"这个软件中的打字游戏，训练学生掌握键盘的用法，让学生在娱乐的过程中不知不觉地学会了一种最常用的操作技能，这比生搬硬套教材中的教学内容，效果显然要好得多。

另外，对文字处理、编辑排版、电子表格处理、幻灯片制作等内容进行教学时，我也让学生自己动手，通过他们自己的努力来完成教师所提出的教学目标。在操作过程中，特别应提请学生注意观察相同内容在不同操作中细微的不同之处，使他们学会观察，学会鉴别，真正搞懂、掌握所学的知识。对学有余力的学生，可以适当提高要求，指导他们进行软件安装、调试、检测，还可以由此指导他们通过学习，掌握计算机的基本原理来进行硬件的鉴别、安装。而在这所有的过程中，作为教师，所需做的工作就是"指导"，无须亲自动手。所有的实践操作均由学生来完成，让学生也能充分享受成功的喜悦，体验成功，增强胜任感。重要的是，这样做，实际上是培养了学生良好的动手实践能力。

第五辑

浅浅的足迹

醉心教改永不悔

■ 李文聪

我从白云缭绕的大山中走来，带着大山清新的气息，怀着山里人特有的敦厚和朴实。征战教坛二十七载，虽未享受金钱带来的满足，未体味美酒飘香、醉生梦死的豪华生活，也未步入官场、青云直上，一尝权力的威严、地位的显赫，但经历了三尺讲台献春秋，四方黑板写天下的快感，得到了被学生认可的满足及桃李满天下的喜悦。

反思二十七年来的教育历程，许多发生于身边的教育故事如飘落的蒲公英已随风而去，难于寻觅它的踪迹。可也有一些故事如同树根一样深深地扎在了我的心上。虽不曾惊天动地，但仍历历在目，感悟至深。

1988年秋季开校时，我怀揣着毕业时的梦想，来到了高台县新沟初级中学任教。由于我是学校唯一的科班毕业生，因此学校给我安排了初三年级一个班的数学课，并让我担任这个班的班主任。真正地步入教坛才体味到：三尺讲台，演绎不尽世间酸甜苦辣；四方黑板，诠释不完人生悲喜欢歌。

在一年的教学中，我虚心的地向老教师学习，坚守着凯洛夫的"五步教学法"，一步一个脚印地往返于"组织教学—复习导入—讲授新课—巩固练习—课堂小结"的教学流程之中。我利用课余时间，在煤油灯下，悄悄地和蜡纸、钢板、油印机对话，硬是把我进县城从新华书店买的本本复习资料，魔幻般地变成了张张单元或总复习试卷。一分汗水，一分收获。当年中考，我所代课的班级，数学成绩名列全县第二，所带班级考入中专2人，一雪新沟初中上年考入中专学生零的耻辱。兴奋之余，一丝忧伤涌上心头。我深深地知道，这些成绩的取得并不是凭借高超的教学技艺、巧妙的教学方法而得，而是以题海战术为依托，牺牲学生休息时间为代价而换来的。难道我的教学生涯就该这样度过？

从1989年开始，我订阅了《数学教师》、《数学教学研究》等杂志，从中汲取营养。智者的引领，犹如暗夜中的灯烛，一下子打通了我闭锁的心智、狭隘的眼界，唤醒了我创新的勇气。自此后，在课堂教学实践中，我不断改进自己的教学方法，完善教学流程，最大限地的减轻学生的课业负担。直至1997年，形成了以"复习引入—自学课文—答疑解惑—课堂小结"为轴线的具有个人特色的教学流程。虽经历了质疑、否定的艰难历程，但最终得到了学生、学校及市教委领导的认可。

2006年，依据因材施教的原则，在同年级内，我根据学生的智力水平设置了"深化"、"提高"、"基础"三个层次的教学班级，实施了年级分层教学实验，取得了良好的效果。随后我提出了"年级走班制"的教学设想。虽然这些想法和实践，由于种种原因没能得以持续研究和应用，但给我的教改生涯打下了深深的烙印。

2007年，当我读到苏霍姆林斯基这段话时，我的心颤抖了——"教师的全部聪明才智都用来设法使自己的课讲得尽可能地明白易懂，使得少年能够轻松地掌握，结果却适得其反。"他指出"这是一条错误的道路"。是啊，多少年来，我只注重教师怎样去教的思考，而忽略了怎样放手让学生去学、去思考的研究。自此后，我便潜心钻研新课标所倡导的教学思想，反思自己以前的教学得失，探索"以学生为主体，教师为主导"的符合新课改要求的教学模式。

经过几年的探索总结，2010年，以"'依课标预设问题'为学案设计总原则，让学案引领学生展开自学、讨论、展示等活动，使学生成为课堂的主人。教师以'据学情决定讲解'为要求，融入学生的自学和讨论当中，采用对个案问题进行个别指导，对共性问题进行集体指导的方法，控制教师的无效讲解时间，把课堂的主动权还给学生。学生通过自主学习、合作探究、分层检测三个层面的思考，达到预定的学习目标"为主要思想的《一引二导三思课堂教学模式研究》被立为省级课题，2012年通过了省级鉴定，2013年获得市级基础教育科研优秀成果二等奖。

"捧着一颗心来，不带半根草去"，我无法达到陶行知先生所希冀的境界，但我却醉心于教师这一职业。不是我有高尚的教师职业道德，而是我对教师这一职业有着浓厚的兴趣。我想，只有对教师这一职业抱有浓厚的兴趣，才能无怨无悔地不辜负"老师"这个平凡的称呼，暮年回首时才能轻轻地吟唱"黑发曾立鸿鹄志，杏坛写意画春秋。日月相邀华年逝，独留丹心育桃李"的人生叹歌。

我的教学生涯

■ 丁文斌

我是大山的儿子，也是农民的儿子，我自己也曾是农民。在家境极度困难的时期，靠着母亲要供一个读书人的执着坚持，由小学一路跌跌撞撞地读到了高中毕业。高中毕业后，由于自己重文轻理而使总分低录取分数线2分而落榜。由于成绩不错，学校多次带信让我复读，终因家庭生活极度困难，我打消了考大学的念头，靠在生产队挣工分维持生计。未考上大学，成了我终生的遗憾，尤其是愧对母亲。但是我一心要做一名教师的心愿从没有减退。也许是机缘巧合，23岁，一个偶然的机会让我走上三尺讲台，做了一名民办教师。转眼间，踏上教学之路已30余年。从一个没有烦恼没有忧愁的毛头小伙，变成了步履蹒跚的老头。

永远不会忘记我的第一堂课：上课铃一响，我毫无自信地走进教室。"上课！"我的声音很轻，远远比不上教室中的嘈杂声。但班长还是听见了，一声"起立！"凳子倒地声、学生尖叫声汇成一片，学生三三两两地坐下去后，我轻轻叹了一口气。第一次登上讲台，我有一种莫名的紧张，莫名的拘谨。我朝班里看了一眼，调皮的学生有的在挤眉弄眼，有的在桌下蹬脚。我拿了支粉笔，本想在黑板上写下自己的姓名，不曾想一字未成，粉笔断了几截，孩子们更加哄笑了起来，虽然我不时地喊着："不要说话！请安静！"但哄笑声更响。

好长一段时间，如何成功地演好老师这个角色，如何成功地教育好学生，在我的头脑里还是一片空白。有时我精心备课，却发现学生并不买我的账，我在上面"津津乐道"地讲，他们在下面"孜孜不倦"地说，为了能更好地驾驭课堂，我试过很多方法，比如模仿其他有经验的教师。在日常的工作中，我发现身边的某位老师做得很好，他的课堂纪律很好，当有学生违反课堂纪律时，几句话就能让学生安静下来。于是我就照抄照搬他的模式，但我发现同样的话我说出来却没有威慑力，效果并不好。一段时间来，我的心里没底，一直在徘徊着、探索着，甚至产生了打退堂鼓的念头。

渐渐地，我与同学们一块儿玩、一块儿劳动，我和我的学生拉近了距离。孩子们尊重我，什么都是老师说了算，唯老师之言是圣旨。家长们也挺认可我，只要去家访，家长的感激之情溢于言表。家长的热情，对孩子的期望，对读书的重视，让我没有理由不尽心工作。那时虽只有十几元的工资，但人很自在，没有别的乞求，没有别的奢望。

那时的学校，学生不足百名，配备三四名教师，大家都是科任教师、班主任、校工一肩挑。这么多年担任班主任让我深深体会到班主任这个活确实不好干，大至教育教学工作，小至生活做卫生之类鸡毛蒜皮的小事儿，样样少不了班主任操心。有一次，我正在讲课，突然坐在后排的一个学生高声喊："老师，黄某尿裤子了。"我一愣，轻轻地走过去问是怎么回事，只见他一声不吭地呆呆坐着，目光很恐慌，同学们告诉我，他经常上课尿裤子，同学们都不愿意和他坐在一起。我非常惊讶，对于一个小学生来说，经常发生这样的事，应该引起老师的重视。此时我为自己没能全面了解学生感到有些愧疚。我轻轻地抚摸着他的头说："孩子，别怕，没关系，小孩子尿裤子很正常，以后上课的时候，你要想方便就告诉老师或自己出去，每次下课记着去上厕所。"他没说话，眼睛里噙着晶莹的泪花。作为一名小学班主任，既要管理好班级里的方方面面，又要给学生思想上的启迪、学习上的帮助、生活上的关心。

学校的四周都是空地，干巴巴地长有几棵白杨树，煞是荒凉。课余时间我就领着孩子们平整空地。春天，我与林业站联系，拿到几捆白榆苗，我和孩子们把苗木栽到了平整好的空地上，又用桶子抬、盆子端，给苗木浇上了水。我还领着孩子们在学校的院子里种上了各种花卉。学校变了，过去的杂草被鲜花代替，过去的荒园绿树成荫。我还趁去山里煤矿拉煤时将祁连山的一株祁连云杉移到了学校院子的正中间。前些日子回老家，我看到那棵云杉长得已有三层楼房那么高了。

三十余年来，面对一批批学生，一张张不同的面孔、不同的性格，作为老师的我，有辛酸、有甜蜜、有骄傲、有成功、有失败……

一路走来，尝尽了教学道路上的酸甜苦辣，品够了世间百味，是是非非，你你我我。不管他人如何评价，不管世事如何变迁，自己总保持着一颗与世无争的心，低调做人，执着做事。

我是一名普通而平凡的教师，我只是做些该做的工作。没有什么远大志向，也没有什么豪言壮语。只有一个心愿，就是做一名光荣的人民教师，就知足了。

三十载教学生涯，五十年人生春秋。如今，我的教学生涯已近尾声，一切的一切已成为过眼烟云。当然，要站好最后一班岗，我将继续努力工作，增强责任感和使命感，不断更新观念，掌握现代化教学手段，更好地为学生服务，不负人民教师这个光荣称号。

在教育技术的变革中成长

■ 樊明军

随着现代社会的迅速发展,教育技术手段也越来越现代化。各种高科技设备进入教室,充分调动了学生的学习兴趣,为课堂教学注入了一脉新鲜活水。作为一名教师,我经历了学校电教设备由旧到新、由简单到完善的整个过程,通过不断地学习和实践,获得了丰富的经验。可以说,学校的电化教育发展之路也是我的成长之路。

结缘电化教育

1991年,我进入张掖师范学校学习。当时的师范学校没有分专业,只有选修班一说,我有幸被编入电教班。在此期间,我系统学习了摄影、电影播放、手绘幻灯片制作、无线电技术等。

记忆最深的是1994年,学校开始开设微机课,学校的机房里全是中华小蜜蜂机,操作系统类似DOS系统,主要学习的内容是Basic编程。现在我还清晰地记得第一次编程绘制出三角递增图像时内心的喜悦,以及当编出自动计算学生成绩平均分与总分程序时老师给予的赞许和同学投来的羡慕眼光。

1995年毕业,我被分配到霞光初中工作。进入教室我才发现师范中学习的全用不上,因为基层学校几乎没有什么电化教育设备。

无盘站微机室

2000年,我调入合黎初中,恰逢赶上学校新建的第一个微机室,我成了一名语文兼微机教师。学校组建了30台机器的无盘局域网，并安装了Win2000终端系统。接手不久，挑战来了，系统很不稳定，时不时地崩溃。刚开始，电脑公司还来复盘维修，过了一年多，人家也不管了。可是，学生上课的热情极高，停一节课都牢记在心。怎么办？上学时，老师可连Windows都没给我讲过，只有DOS啊！我东奔西跑，买资料、找软件，然后是一次又一次地上机实验。纸上得来终觉浅，一步不落地去做，可总是不成功。原来，有一些知识人家就没有写进去。只能自己去摸索，无数次的实验。为了组网成功，我常常没日没夜地研究，一天睡三四个小时是常事。

从Win3.11无盘、Win2000终端、WinNT的RPL无盘、PXE的无盘，再到Win2003无盘、WinXP无盘，慢慢地，我做无盘竟成了得心应手的事，不知不觉间迷上无盘技术。

PPT进课堂

2003年，学校投资建设电子备课室，教师们可以学习课件制作。望着精美生动的课件，但是进不了课堂（当时教室内没有电视，也没有投影），年轻好胜的我，为了上一堂展示PPT的多媒体整合课，把电子备课室的电脑搬到教室里，我整节课激情满怀，学生积极性空前高涨，教室后面坐满了来听课的老师。效果自然是不错，可是校长不乐意了。这么宝贝的东西，你搬坏了怎么办？想想也对，真要坏了一台，我半年的工资可就没有了。

跨越信息化鸿沟

随着收集教学资料与课件制作的需求更加广泛和深入，学校又投资让电脑进入办公室，配备数码相机、扫描仪、激光打印机等，并且经过努力，实现了天网（卫星接收数据资源）、校园网（即班班通）、互联网三网联通。教师们开始充分利用计算机进行电子备课、研究教学。随着教学方式的改革，教师们都希望以一种轻松、活泼的教学方式来提高教学质量。因此，办公室里经常出现教师DIY课件的情景。教师制作的课件像电影一样在教室放映，形象生动的情境，为课堂教学增添了新的生命力，激发了学生的学习兴趣，提高了教学效率。

每位教师都有了用多媒体备课、交流学习、制作课件的需求。由此，学校为每位任课教师配备了一台笔记本电脑，教师无论是在家还是在校都可以随时整理自己的素材，制作出更多优秀的课件。同时，学校又配备了一批功能更加强大的投影和视频展示台，可以实现对投影图片和文字的自由放大缩小，并且拥有冻结和聚集等多项功能，极大地提高了课堂教学效率。

由于教室里没有投影仪，很多教师只有在上公开课时才能到大会议室使用课件。平常上课时，就不能使用这些优秀课件教学。学校认为，应该将电脑和电视机相连接，使多媒体真正地走进课堂。电脑和电视机连接后，实现了声音和图像同步，运转顺利。同时，视频展示台与电视相连接，又可以很方便地对电脑和展台的信息进行转换。教室里有了电视，还可以对学校重要专题讲座和活动进行播放。这一时期的教师自觉投身教育信息化，对多媒体课件的使用变得广泛起来。

班班通与交互式

为了方便教师制作课件和查找资料，提高教师使用计算机的热情和频率，学校将所有的计算机连上了互联网。但随之问题也出现了，教师将笔记本搬到教室去上课，这样既不方便又容易损坏笔记本。学校进一步更新现代教育技术装备，将所有教室都配备了高档钢化机柜、短焦投影与电子白板，并且将校园网络终端接入每间教室，所有班级实现"班班通"多媒体教学。2013年，合黎初中并入高台新二中，政府的巨大投入换来了学校信息技术教育的春天，所有教室都安装了红外线触控一体机。"班班通"彻底打破教室、教师、校园的界限，实现局域、城域无界限。校校互通、班班互联、资源共享，激发教师的实践激情和学习需求，探索各学科与信息技术深层次整合的模式与方法，提升信息化教学的实践性，为全面提升教育教学质量，红外触控一体机也投入使用，用手指轻轻点击和划动，就可以调取事先存储的教学课件，还可以进行二次编辑，如批注、修改。学生们则可以走上讲台在触控一体机上进行作答。只需轻轻一点，便可知结果正确与否。触控一体机让教学更加有趣、高效。

迎接"互联网+"教育的变革

无线、移动互联网时代,奇迹每天都在发生。面对火热的"互联网+",教育当然不能缺位。互联网+教育,形成了微课、慕课、网络教学软件等诸多全新的概念。更令人兴奋的是传统的教学组织形式也发生了革命性的变化,由于互联网技术的发展,以先学后教为特征的"翻转课堂"才真正成为现实。同时,教学中的师生互动通过互联网,完全突破了课堂上的时空限制。学生几乎可以随时随地随心与同伴沟通,与老师交流。在互联网天地中,教师的主导作用达到了最高限度,教师通过移动终端,能即时地给予学生点拨指导。同时,教师不再居高临下地灌输知识,更多的是提供资源的链接,实施兴趣的激发,进行思维的引领。翻转课堂借助信息技术帮助教师回归到学生最需要的本原角色,从单纯的知识传授者变为导学者、助学者、促学者、评学者。透过翻转课堂的实践,教学创新实现了三个突破,即突破时空限制、突破思维限制、转变教师角色。

"互联网+教育"将重构教育模式,营造教育新际遇。

当改革无法触动教育,技术会触动它。回顾教育的历史可知,教育内容一直是教育革命的"演员",教育技术革命则是"导演",无论是最早的石刻和青铜铭文、竹简,还是到后来的草纸以及再往后的印刷术,每次技术的革命,都会带来信息载体变革之后的教育革命。生活在一个教育技术快速变革的时代里,我将不断学习、积极进取,做一名充实、快乐的老师。

和学生一起走过的日子

■ 赵海萍

蓦然回首，与三尺讲台结缘已七年了，随风而去的是悠悠岁月，留在记忆中的有初登讲坛的青涩，但更多的是耕耘桃园的芬芳和弥久愈香的回忆……

初为人师的尴尬

初登讲台，我与五（1）班的孩子们初次见面的方式有点特别——是在与他们最喜欢的贾老师的告别中进行的。当时，全班孩子无一不伏在桌子上哭泣，贾老师一一抚摸着他们的小脑袋，拍着他们的肩膀……此时的我似一名不速之客，感慨地站在讲台上，心里很不是滋味，并暗暗说道："小家伙们，我会让你们很快忘记他，喜欢上我的"……我的教师生涯从此开始了。

熟悉学生、为学生建立特长卡、为学生生炉子、与学生一起活动、钻研教材、创新教学方法、听前辈的课、请前辈听课……一切都在紧张忙碌地进行着。功夫不负有心人，在孩子们的周记里，渐渐流露出了对我的喜欢，在家长开放课上，我的课堂赢得了家长认可与赞许的目光。谢谢你们，调皮可爱的孩子们，是你们给我上了教师职业的第一堂课，是你们让我学会了爱与责任。

善意的谎言

夕会课上，205宿舍的全体男生控诉着周某的"罪状"，说他连续一周起床过早，严重影响了他们的休息。周某满脸通红，张了张嘴，似乎想为自己辩解点什么，但又没有说。一说起周某，大家都会不约而同地从嘴里蹦出一些词来：好动、调皮、缺乏自制力……但他为人热情、劳动积极，算得上是一个乐天派，同学们都喜欢和他交往，我心里还是挺欣赏他的。我想这次的事情肯定有其他原因，于是我替他撒了谎："周某最近肚子不舒服，昨天他爸爸还给我打电话为他来送药了，不过，你也得注意点，再不要喝生水了……"听到我的一番话，周某先是一怔，脸便红了，羞得低下了头。接下来的几天里，再没有听到同学们对他的"控诉"了。第二周的综合素质大课堂上，周某与本班英语小天才合作表演的英语课本剧，赢得了同学们热烈的掌声，因为平时他连几首完整的古诗都背不下来。在同学们热烈的掌声中，周某偷偷看了我一眼，脸又红了。在那一瞬间，我突然明白了他坚持早起的原因。现在的周某已经考上省城一所大学，每当我看到他给我QQ空间的留言时，都会会心一笑。

我们的约定

主题班会"追梦·圆梦"在同学们此起彼伏的交流声中进行。"为20年后的自己设计一张名片"这一环节将班会推向了高潮，大家或托腮沉思，或奋笔疾书……传达出来的情感都是认真、严肃而美好的。几分钟后，同学们饱含热情地交换着自己的名片，于是班里一下子涌现出了一批"警察""医生""科研人员""新闻工作者"……"同学们，请把自己的名片都交给我，我先替你们保管着，现在你们都要为自己的理想而奋斗。二十年后，我会拿着你们的名片与你们再相会，好不好？"学生们异口同声地回答"好"，加上主持人起唱的《我的未来不是梦》，更加坚定了我们的信念——我们一起圆梦，我们的约定不散场！

再次回想我与学生一起走过的日子，我也曾有过烦恼、痛苦、失落，但我还是一直认真地做着一名老师应该做的事。而我从中所享受到的职业幸福，使我更坚定一个信念——不管这世界如何纷杂，我都要为自己和学生保留这份执着。教师乐教，学生乐学，就是我向往和追求的境界！希望将来有一天，学生们在回忆和我一起走过的岁月时，我们能彼此真诚地说一句：有你真好！

回望来时的路

■ 李生涛

著名国学大师王国维在《人间词话》中有言,古今之成大事业、大学问者,必经过三种之境界:"昨夜西风凋碧树,独上高楼,望尽天涯路"此为第一境界;"衣带渐宽终不悔,为伊消得人憔悴"此为第二境界;"众里寻他千百度,蓦然回首,那人却在,灯火阑珊处"此为第三境界。这是王国维对历史上无数大事业家、大学问家成功的深刻反思,并作出了核心的概括,又巧妙而形象地结晶在文学意象中。回顾自己踏上从教之路,也已有十余载春秋,从初做教师的陌生到不断熟悉,再到上课时的从容与木然,我痴痴地等待着第三种境界的到来,努力回望来时的路,却始终难以进入大师所说的第三种境界,没有找到教育中那在灯火阑珊处的自我。

记忆中的2002年8月30日,是一个阳光灿烂的日子,离开了就读三年的河西学院历史系,带着几分跳出农门的喜悦,我迈上了从教之路。从学生到老师似乎只有一步之遥,但这条路我却经历了三年的磨合。接到录用通知的那一刻,我感受到了一辈子含辛茹苦的父母的喜悦,也感受到了左邻右舍的羡慕,也有自己内心深处的一份沉甸甸的责任。我知道自这一刻起,我背上厚厚的行囊,不仅仅是一种压力,更多的是一份沉甸甸的责任。我来自农村,我来自偏远的山区,我肩头扛着父老乡亲的重托。自此以后我更明白自己代表的是整个山区父老乡亲的脸面,我必须用我的良知好好去做一名人民教师。

当我知道被分配到了离县城13公里外的宣化初级中学时,我很知足,也很快乐,毕竟这里距离县城近,是许多人期望工作的地方。我在这里见到了耕耘于这片土地上的教育先行者,他们中有双鬓白发的长者,也有步履蹒跚的老前辈，也有风华正茂的年轻人。在这所不是很大的校园里，我看到了活泼可爱的孩子，认识了从事学校管理的领导，熟悉了校园环境。经过校长的热情接待后，我接过了初一四班，从此以后在做教师的同时，便多了一重身份，自己成了一名名副其实的班主任。当我被告知要教这个班的语文时，我才知道自己学习了三年的政治历史学科，在现实的教育中被定格为连期中考试都不会发考卷测试的副课，我也不断地明白，三年以来我一直从事着毫无价值的"副业"。有时在现实面前，爱好、兴趣、理想、追求，都会显得苍白无力。从此，我便正式迈上了语文教学的路途，就这样我走了14个年头。

回首往事，其中留下了上第一堂公开教学课的尴尬与落魄，也留下了第一学期期末考试被远远抛在年级后面的辛酸，几经挫折，带有傲气的我才深深懂得了做一位语文教师其实很难，而做一名深受学生喜欢的语文老师更是难上加难。一年以后，我开始探索语文教育教学的技巧。从基础知识的传授，到语文课堂的构建，再到语文教学的定位，随着经验的积累和视野的扩大，我不断向前迈进。其中有迷茫中的思索，思索中的呐喊，呐喊后的实践，我苦苦寻找着适合自己的教学方式。

以后的日子里，我积极向有经验的长者和优秀教师学习，不断虚心听课，不断尝试改变课堂结构。在不断的实践和优秀教师的指引下，我知道了目标教学法、知道了多媒体、知道了语文素养、知道了培养能力、知道了阅读教学……从一遍遍的构思课堂模式，到专题性的教学研讨，再到骨干教师的学科培训，我的视野不断变得清晰透亮，我前进的路也在不断向前延伸。当我连续经历了两年毕业班教学后，我懂得了如何去提高成绩，也知道了如何构建实效课堂，更明白了走进学生真切的心灵世界的重要性。从初到课堂的漫无边际，到失落后的不苟言笑，再到恩威并用，随着一级级的学生的毕业，我在语文教学中也在不断地成长。

经过11年的乡村初中教育教学后，随着我县教育资源整合和农村教育布局大调整，2013年8月，我也进入了新建的一所学校——高台县第二中学。全新的设施，全新的组合，让我也继续着作为一位语文教师的成长之路。2013年9月16日，我受学校的派遣到西北师大教育学院进行为期两个月的骨干教师置换培训。通过两个月的培训学习，让我接受了一次语文思想和语文观念上的洗礼和更新，专家学者的讲座，让我全新、全面地认识到了语文教师应具备的基本功和基本素养。两个月的培训实践，以初中语文阅读教学为重点，让我更深入地领会了面对小说、散文、诗歌、文言文等体裁，教师应该教什么、怎样教、教了什么的三步理念；明白了小说多元解读的重要性及每一篇散文背后一个"我"的分析的作用；领悟到了诗歌教学用"兴、观、群、怨"四步骤教学的高效性；文言文教学中用"知、言、养、气"法进行教学是一堂充满语文气息的语文课的重要构思方式。我不但清楚了一位语文教师要具备立足之本、智慧之言、理想之道的重要性，更明白了只有在课堂上学生思维在动，才是语文课堂的生命，也让我懂得了语文课堂不要一味追求课堂的热闹，语文课堂的情感，要立足于语文文字的赏析，只有让语文走在语文道上，语文课才有语文味。

古语说："天行健，君子以自强不息。地势坤，君子以厚德载物。"正因为天道刚健，君子效法天，所以能自强不息。地势顺着天，君子效法地，所以德泽厚，容纳万物。这是古代思想为人们昭示的自强不息，厚德载物的奋斗之路。我相信经过自己的奋斗，定会迈入"众里寻他千百度，蓦然回首，那人却在，灯火阑珊处"的语文教育教学的新境界。

平凡的工作　深深的感动

■ 夏君兰

我是一个容易感动的人。别人一个鼓励的眼神，一句温暖的问候，一次及时的帮助……常常会激起我心中的涟漪，甚至使我眼眶潮热。有时静静地坐在窗前，回味那些令我感动的人与事，我的内心便充溢着幸福和温暖。感动真的是一种美好的情愫，值得我好好地珍惜她，细细地品味她，尽情地享受她。

2001年7月，我18岁，从师范学校毕业。那时候的我还是一个不谙世事的小丫头。2001年10月，我正式参加工作，被分配到红沙河小学任教，担任二年级语文和四年级数学的教学工作。直到今天，我都清楚地记得我的第一节课，上完后，听课的校长说你的声音太小了，学生听不到啊！从此之后我讲课声音越来越大，也越来越受到孩子们的喜欢。

2002年9月，我被调入红崖子学区霞光中心小学工作。在那里，我工作了两年，那两年是我参加工作几年中最快乐的日子，也是成长最快的两年。两年里，我一直承担一年级语文的教学工作。那时候学校还没有打印机，两年的时间里，我将每课的生字用毛笔书写做成生字卡片，课堂上教孩子们认读。和那些天真无邪的孩子们在一起很快乐！每天下午五点就放学了，我们几位老师带着可爱的孩子们去野外感受大自然的美丽。也正是在那时，新课改的春风吹遍了高台大地，我了解了新课改的内容，也开始逐步成长。

2004年9月，我调入新坝学区新生中心小学工作。四年里，电脑开始普及，学校有了一间多媒体授课教室，我初步学会了制作课件，学会了用多媒体手段授课。在这四年的时光里，我学会了与人相处，慢慢变得成熟、稳重，在教学上也逐步成长，开始学写论文，并且参加了语文、英语、思想品德的优质课比赛。

  2008年9月，我调入高台县第二中学工作。第一堂课上，学生对我说："老师你可不可以不要把我们当小学生啊？"经过一个月的时间，我才适应了中学生的教育教学工作。这几年是最让我感动的几年。2009年12月底，我去兰州参加培训，班里的学生举行元旦歌咏比赛，当比赛结束后，我接到了班长打来的电话，他在电话里兴奋地说："老师我们得了一等奖。"那一刻我热泪盈眶，为他们取得的成绩高兴，也为他们和我这样心紧紧相连而感动。在我带的这个班里，还有一个女同学，从小父母离异，自己跟爷爷奶奶生活。不要说别的，在冬天她连一件棉袄都没有。我给她买了一件棉袄，并且把自己的几件毛衣送给了她，那一刻，她抱着我大哭起来，我知道她想她的妈妈了，可是妈妈又在哪呢？我紧紧地把她搂在怀里。九年级开校了，她又没来，同学说她爸爸没回来，没有钱交伙食费，我打电话让她来学校，并且给她交了一个学期的伙食费。2012年7月，这个孩子顺利地考入了高台一中。每隔一段时间，她就打电话给我，说说学校里的情况，每次都会问我："老师你还好吗？"那一刻感受着她的问候，我觉得那么温暖！高考前夕，我带着她和几个学生去月牙湖公园放松了一下心情。她对我说："老师我考好了一定去看你。"我说："你一定会考好的。"这种浓浓的师生情让我感动。

  在这十几年里，当我心情低落的时候，看到的是孩子们一双双关切的眼神；当我倦怠时，看到的是家长们那信任的目光。是他们，让我感受到了当老师的幸福；是他们，让我体验到了做班主任的幸福；是他们，让我沐浴在太阳底下最崇高的事业的光辉中。他们，无时无刻不在感动着我。

  感动，不仅是心中的一片温暖，也不仅是热泪盈眶时的无言，更不仅仅是从内心顿生的冲动；它是如春风般无声的轻柔，是像下过雨后晴空中彩虹般的灿烂。生命中的感动，不仅要用眼睛去发现，还要用心去体会。选择教师，我就选择了微笑与欢乐，感动与幸福。

写意青春

■ 王 海

课堂是教师的"舞台"。作为一名美术教师，我已经在这个"舞台"上奋斗了十四个春秋。尽管我扮演的角色很渺小、很普通，但它却记载了我的成长历程。

艰难的求知路

初次接触美术专业是在一中的美术教室。由于好奇心和对美术的热爱，我抱着试一试的态度向当时的专业老师表明了自己的想法。老师很尊重我的想法，并很诚恳地给我讲解了关于美术专业与文化课间的利害关系，以及将来我将面临的文化课与专业课之间的抉择……当时的我并没有想那么多。老师的说辞对我来说只能是压力，但我并没有被压倒，独自承受了很长时间后，最终还是细心的姐姐看出了我的想法，我在她的帮助下说服了父母。

在一中的日子里，除了面对繁重的文化课学习，还要挤时间去勾画自己的艺术人生。虽然苦，虽然累，但我从未放弃对艺术的追求。为了梦想，我放弃了寒暑假、放弃了周末、放弃了课外活动、放弃了中午休息，甚至是晚自习下后的时间……寒来暑往，自己终于如愿以偿，被兰州师范高等专科学校录取。正因为以前的经历，我特别珍惜这次学习机会。在师专的日子里，画室里留下了我勤奋的身影，图书馆留下了我耕耘的足迹。

初涉美术教育

2000年10月，刚毕业的我被分配到原高台二中任教。由于所学专业的原因，刚上了几天美术的我，被分到了学校教导处。除了做好领导安排的工作外，我还常利用课余时间，抓好美术教学研究和业务学习。

2004年9月，我参加了成人高考，并被西北师范大学录取。重新步入了大学的我，潜心学习，刻苦研读，虚心向每一个教师请教，最终圆满地完成了两年的学习任务。

2007年3月，学成回来的我被分配到原宣化初中，本想在美术上大显身手，却又被分到了教导处。工作之余，除做好现有的美术教学外，还利用空闲时间写书法、画速写和素描等。

2009年和2013年，我两次参加了"国培计划"——甘肃省农村骨干教师美术培训。在两次的培训中，我不仅开阔了眼界，还从专家那学到了许多从前所未涉猎的美术知识。从而更坚定了我从事美术教育的决心。美术教育这块热土，需要我们默默地耕耘。学校既然给了我三尺讲台，我就要努力，就要让孩子们学到知识，让孩子们喜欢这门学科。经过不懈的努力，学校不但成立了美术兴趣小组，还有了美术展室和活动室。

在积累中寻求自己的专业成长

2013年9月，我被抽考到现高台二中从事美术教育教学工作和学校美术室的管理工作。在这里，我感受到了浓厚的专业教学氛围。美术学科不但有多名教师，学校还成立了美术学科组，大大地方便了美术教学的讨论、交流和研究活动。在我和其他学科老师合作相处的日子里，我不断参加听课、评课等活动，在别人的课堂上汲取有价值的东西在自己的课堂上反复尝试和实践。这些经历为我在教学及对教育问题的理解等方面提供了很大的帮助。

在高台二中的美术教学中，我深刻地认识到，唯有踏实地开展教学实践和研究，在学习和工作中积累，在积累中发展，才能提高自己的专业技术与理论水平，才能有助于自己在做好服务和工作中更好地发展自己，才能为自己的专业成长插上有力的翅膀。

浅尝美术教育成果

经过几年的不懈努力，我和我的学生在市县各种竞赛中也小有收获。我曾荣获高台县"烛光杯"书画大赛优秀奖；张掖市第四届师生书画展三等奖；甘肃省教育厅招贴画大赛三等奖；高台县第一届中小学艺术节师生书画展二等奖；高台县端午文化旅游艺术节师生书画展油画组三等奖。本人辅导的多名学生在高台县第一届、第二届师生才艺展示中荣获二等奖、三等奖；在高台县第三届青少年科技创新大赛（科幻画）荣获一等奖、二等奖。其间，我还积极协同其他学科老师开展艺术实践活动，把美术学科和音乐、体育、信息等学科有机地结合起来，促进了各学科的发展。

反思美术教学

经历了多年美术教育教学的发展，美术的课程也在不断地变化。如何调动孩子们学习美术的兴趣；如何让更多的孩子参与到美术教学之中；如何改变现有的教学模式，让自己的课题更加生动……一直是我思考的问题。在今后的美术教学中，我会不断探索，勇于实践，让自己在美术教学专业成长的道路上不断提高。

启航之路

■ 田雪芳

我进入高台二中工作已经五年了。在这五年的时间里，我经历了很多事情，有开心的、伤心的……不过在开心和伤心之间也是有区别的。以我这五年的时间为例，可以分为两个阶段。第一个阶段是前四年，我在老高台县第二中学工作。老二中在农村，对于从小在农村长大的我一点也不觉得新鲜。从来没想到毕业后我会作为一名教师来到这里，其实那时候我也不知道教师真正的概念……在学校里，我慢慢熟悉了各位教师后，自己也开始活跃起来了。从新鲜到投入，慢慢地我喜欢上了教师这个职业。第二个阶段是从2013年县委为了优化教育资源，将五所农村中学合并到了城里，我也很幸运地成了新二中的一员。到了学校后，一种新的环境带给了我全新的感受，同时也给我的工作带来了新的挑战。一开始上班，我心情很高兴，直到自己融入了教师这个大家庭后，同事间的告诫、优秀教师的指导、学生对我的期待，更让我真正体会到作为一名教师的快乐。记得李校长曾这样说过："既然你选择了教师这个岗位，那么你就一定要做好你本职的工作。"我现在深深体会到这句话的含义了。

来到新二中，对比自己以前的工作，也有了很大的变动。针对我自己的课程安排，对学生、对自己、对学习负责。我认为坚持上好课、上公开课，才能让自己更快地成长。我从开始写教案到磨课，然后上公开课，有问题就改，改了又上，上了又改，最后才把自己的公开课拿下来。作为教师，把握每次锻炼的机会也是很重要的，优质课评比、论文评比、课题的撰写都应该参加，多多锻炼。通过自身的努力，我在2011年元旦环城赛中被评为优秀教练员，2013年我撰写的论文《浅谈音乐在体育教学中的作用》荣获市级二等奖。同时，我也发挥了自己的专业技能，成立了校排球队，学生的排球水平也有了很大的提高。人的一生就是为了自己的发展和自我的实现。占有时间，勤奋积累。时间很重要，但更重要的是我们怎么去利用，要研究每一个目标，把握每一个机会。

总之，通过五年的教师执教生涯，在我心中已逐步树立起了新的教学观、教材观、质量观和价值观。为学生"健康第一"和"终身体育"的培养发挥我的聪明才智。路漫漫其修远兮，展望未来的工作、学习之路，将是永无止境而又艰难曲折的，而我却愿在这快乐而无止境的追求中去实现自己的梦想。

我的艺术人生

■ 李增奇

我出生于1967年；1990年11月到玉门石油管理局采油厂工作；1993年10月，由于在音乐歌唱方面有突出的优势，经上级研究决定，调入玉门石油管理局文工团工作。期间，由于我在平时的工作中好学上进，刻苦钻研，声乐演唱十分出色，曾在1993年和1996年10月代表玉门石油管理局参加全国石油系统文化大赛声乐比赛，分别获得三等奖和二等奖。在十年的石油工作当中，我也多次参加了上级组织的音乐活动并参与组织，收到上级的高度赞扬。

在2000年年底，由于企业效益不景气，我自愿选择了买断下岗，把自己置于失业无业大军当中。就在家庭条件非常不好的情况下，在我的脑海中产生了用知识和才能再次发展自己、壮大自己的念头。自2002年3月起，我开始学习和到校复习高中课程，并再一次参加了当年的普通高考。由于自己天生刻苦，自强不息的决心，我考入了山西大学音乐学院。

在2005年，我十分荣幸地做了一位教育战线上的工作者。同年9月，从我作为教师的第一天起，我就立志为教育献身。2005～2009年，我在县小学任教，先后担任过小学二年级、小学三年级的语文老师和班主任，也担任过小学三至六年级的音乐老师。任职期间，我刻苦认真掌握小学教育教学规律、小学生心理和生理特点，教育他们怎样按照新课标的理念和要求，形成自主、合作、探究的学习方法，让学生有较好的学习方法和好的生活习惯。经过四年小学工作的历练，我在教育教学方法上有了一定的经验。

2007～2008年，我在我县解放街小学任教。在这两年的工作当中，我在学校承担四到六年级的音乐教学工作。针对学校大、学生多的现状，我积极开展学生的美育教育。在学校领导的安排下，通过周密计划，精心安排，认真排练，先后在广场舞台、学校校园、烈士陵园、县电影院安排了25场次文艺性活动，无论合唱、独唱、舞蹈、歌伴舞，还是器乐合奏，都让学生得到了充分的锻炼。演出一次次获得了县有关部门和我校领导的高度评价。这就为我开发校本课程、发展地方文化奠定了坚实的基础。

2007～2008年，由我校领导选派，我参加了县音乐课教学大比武活动，先后在我县中小学音乐课比赛中获得一等奖，获得市优质音乐课二等奖。自己为推广普通话创作的歌曲《五十六朵花　句句普通话》制作了MTV，获得了甘肃省创作歌曲二等奖。在此期间，我也多次参加和完成了我县各级各类广场文化的演出任务，参加了纪念红西路军"红歌"排练和演出工作。2008年被县委宣传部、解放街小学评为优秀教师。

2009年9月，由于工作的需要，我被调入罗城初级中学任教。面对中学生，无论教学方法，还是自己的为人处事都有了新的改变和认识。为了满足初中生的求知要求，我又向初中地理、政治、美术、音乐等多方面知识探索和迈进，主动承担起了八年级地理课教学的担子，同时也承担起了全校音乐课的教学任务。在这四年多的初中教学期间，我考虑到学生在特长教育方面比小学有优势，就在任职的第一学期，在本校组建了百人合唱团、教师乐队、舞蹈队、葫芦丝队，充分利用本校的地域文化大乡之优势，大力鼓舞和挖掘教师潜能，带动学生开展了艺术特长教育。2010年，在全县音乐优质课教学公开大比武活动中，我的合唱教学被评为教学一等奖。2011年的校本课开发与教学，我的合唱被评为全县校本课教学二等奖。2012年度，被学校评为优秀教师，被我县教育部门评定为全县地方课程与学校课程建设者先进个人。在2010年初春，在上级部门大力提倡和挖潜地方课程和强调校本课程的前提下，我就考虑以自己的水平和能力，编写了合唱、笛子、葫芦丝的参考书籍，让学生在学习当中有章可循，能对学生的学习进步有一定的指导意义。在编写三种参考书时，由于自己有着对音乐多年的研究和实践，又有着深厚的演唱功底和对部分民族乐器的演奏经验，以及多年的教学经验，在参考了《合唱与指挥》《中学生变声期研究》《合唱声部处理》《葫芦丝巴乌教程》《笛子入门》等文献后，我投入了忙碌的编写之中。在同年初夏，我一边编写，一边让学生实践。当遇到问题时，无论大小，我都废寝忘食地查阅有关资料，找到最适合中学生的歌唱与演奏方法，来为学生提供最正确、最简洁、最有效的学习方法，并再次将其写入教材，最后在2010年6月12日截稿，移交上级主管部门。这三本书内容丰富，趣味浓厚，方法简洁，实用性强，最终成了我县特色教育和艺术教育的参考教材。2011年，上级主管部门把《合唱》定为我校的地方课程和校本课程，为了适应中小学和高中、大学的学生学习，我又一次精心编写，细致地介绍了歌唱呼吸的四种用气方法、中小学生生理特点剖析、合唱站立姿势、基本发声方法、共鸣的开发、基本乐理知识、合唱声部的编配、演出的队形、合唱与指挥、优秀合唱曲目等。最终在6月，在县教体局的配合下，装订成书，成了我校最终的校本教材。

  2013年秋，我荣幸地调入崭新的高台第二中学，在开展我校正常的音乐教学中，充分利用音乐课、校本课、课外活动等时间，在我校开展了合唱、葫芦丝、笛子、二胡特色教学，让学生走进真正的实践课堂。经过一年的学习实践，自己的能力和教学经验与学生的进步相结合，让崭新的校园变得热闹了起来。回忆往日工作，总结成功经验，我将继续与全校教师相互配合，做好每一项工作。作为教师，我甘愿付出辛勤的劳动，为我县的教育事业操一份心，出一把力，把我校素质教育搞得有声有色，让一代代农村孩子感受到音乐无穷的魅力，让美妙的音乐给他们带来幸福和欢乐，让他们在愉快的歌声中快乐学习成长，我将再接再厉，把自己的音乐才能化作孩子们的才能和特长，我将为之奉献终身。

我的教育故事之变化

■ 何振勤

春夏秋冬，寒来暑往，不知不觉间我在三尺讲台上已耕作了二十多年！从初为人师到现在，我对教育这一工作感触颇多！回想过去的二十多年，我深感教育是如今社会上变化最快的行业之一，这需要我们教师不断地为适应社会的发展变化而学习。

变化之一：我从20世纪80年代开始从教。我刚进校就教授初三物理课。初三教学工作量大，尤其是进入会考前，学生要做大量的练习题。当时的练习题和试卷的制作，全是手工制作的，老师用铁笔在钢板上一笔一画地刻写蜡纸，然后用手推的老式油机印刷。试卷还没有现在现成的机裁纸，我们老师向学生每人收取几角钱，买回整开的白纸，自己亲自用线裁开，在油印机上印成。当我们把亲手印制的试卷发到学生手中时，看着学生低头认真地在散发着油墨香的试卷上答卷，那份成功的喜悦无以言表！这样的工作过了七八年之后，逐渐出现了打字蜡纸，这种蜡纸不用钢板，只要用当时的圆珠笔就可以直接书写，但印刷还是要用手工油印机印的。后来打字机出现在学校，遇到重大的考试可以用打字试卷了，尽管这样的试卷很少，但这比起以前的铁笔蜡纸印试卷已经是很大的进步了。直到电脑在学校办公中应用，试卷印制的工作量才大大减少，在一定程度上将我们教师从印试卷中解放出来。如今的试卷印制，已很先进，可以用激光打印机直接打印了，试卷数量大的时候可以用扫描制版印制了，这为我们教师大大减轻了工作负担。从这一点变化我们可以看出，社会的进步、科技的进步，带来了我们教育的进步！

变化之二：在我从教二十多年的生涯中，身边发生了很多变化，另一变化当数教学设备的变化大了。当时我们参加工作时，教学全靠"一支粉笔一张口一块黑板"。课前老师认真备课，上课时老师讲，黑板上用粉笔写，学生看课本听老师讲，一堂课是否成功全在教师是否讲得精彩。随着教育装备的改进，一些当时较为先进的设备开始进入学校进入教室，但这也只是现在的年轻教师还没听过的设备——投影仪。这种投影仪所用的是幻灯片，充其量也不过是一张塑料片上用笔书写了一些题目，如果个人绘画水平高的可以在幻灯片上画一些与教学内容有关的画，这样就为教学增添了不少光彩！曾记得若干年前教师进行教学基本功比赛，不过就是"三字一话"：钢笔字、毛笔字、粉笔字和普通话。当然其中一些基本功——"粉笔字和普通话"，无论社会怎样变化教育设备怎样改进，对于老师来说都是要具备的。如今，国家加大了对教育的投入，对教育硬件设施进行了更新，计算机、数码投影仪已进入教室。教师课前准备课件，上课时只要轻点鼠标，就可以播放出图文并茂、声情并茂的图片，还可以播放音乐，为课堂教学增色不少，极大地丰富了课堂教学！那些幻灯机现如今已堆放在库，落满了灰尘。

变化之三：我们这个年龄段的教师，从在师范院校学习期间到参加工作，所接触到的课堂教学模式就是传统的五环教学模式，这种教学模式的基本教学程序：复习旧课—激发学习动机—讲授新课—巩固练习—检查评价。课前教师要根据学生知识结构的认知水平对教学内容进行加工整理，使得所传授的知识与学生原有的认知结构相联系。充分发挥教师的主导作用，教师在传授知识的时候需要很高的语言表达能力。上课时复习旧课是为了强化记忆、加深理解、加强知识之间的相互联系和对知识进行系统整理。激发学习动机是根据新课的内容，设置一定情境和引入活动，激发学生的学习兴趣。讲授新课是教学的核心，在这个过程中主要以教师的讲授和指导为主，学生一般要遵守纪律，跟着教师的教学节奏，按部就班地完成教师布置给他们的任务。巩固练习是学生在课堂上对新学的知识进行运用和练习解决问题的过程。检查评价是通过学生的课堂和家庭作业来检查学生对新知识的掌握情况。在这样的教学模式下，学生能在短时间内接受大量的信息，能够培养学生的纪律性，能够培养学生的抽象思维能力。但学生对接受的信息很难真正地理解，只能培养单一化、模式化的人格，不利于创新性、分析性的发展，不利于培养学生的创新思维和解决实际问题的能力。其间也经过了一定程度的教学改革，但都是在以前教学模式的前提下进行的变革，都没能跳出传统教学模式的圈子。直到21世纪初开始的新课程改革，正如刚开始时所说的那样，"是前所未有的变革"，在课堂教学模式上，各地百花齐放，各有各的教学模式，但不论哪一种教学模式都是在教学目标上对传统教学目的的颠覆。改变了长期以来的接受学习、死记硬背、机械训练的灌输方式的教学模式；改变了教师教学行为，由原来居高临下，变为平等中的首席；同时也改变了学生的学习方式，倡导学生主动参与、乐于探索、勤于动手，以及交流与合作的能力；改变了学习内容的呈现方式，确立学生的主体地位，促进学生积极主动学习。

　　回想这些变化，让我感到岁月的易逝。社会在发展，社会在变化，我们教师，只有紧跟时代的步伐，不断地学习，不断地进步，才能适应社会，才能适应发展的教育，才能不被社会淘汰！

与你们一起成长

■ 孙晓丹

在教育岗位上工作有八年了，我从一个青涩的小姑娘成长为现在的模样，虽然谈不上优秀，但在这八年里，在教育工作中经历的点点滴滴——有初登讲台时的紧张与彷徨，有拿到第一笔工资的喜悦，有失败时的沮丧，有不被肯定时的难过与挫败，也有与同事相处时感受到的快乐与温暖，更有来自许许多多学生成长过程中带来的感动———让我在教育这条宽阔而深邃的大道上一点点成长和坚强。

时间的流水，不断冲刷着脑海中关于过去的记忆，有些渐渐淡去，但总有一些，会如同石刻一样深深留在心上，任何时候回想起来，都历历在目。2007年的夏天，刚从师范院校毕业的我，因为地方招考政策的发布，如愿以偿地通过考试，成了一个拥有"铁饭碗"的人。那时没有经历过太多找工作时的煎熬与坎坷的我，是幸运的，更是喜悦和充满憧憬的，我对我的未来有无数种美好的想象。我工作的第一站，是离县城较远的一所乡镇小学，全校学生也只不过100多人，四位年龄在五十岁左右的老教师和两位年轻的男老师——校长和主任，学校周围都是农户家，校园环境与我之前的想象相差甚远，当时我心里的落差别提有多大了。但是经过一段时间，在老教师的热心帮助和天真活泼的学生的感染下，我开始喜欢上了这个小小的外表看似荒凉但却处处充满温情的校园。而在我登上讲台几天以后，我开始彷徨了，面对三年级学生那一双双充满对知识渴求但又迷茫的眼睛，我开始怀疑自己。因为以前我总觉得，自己堂堂一个大学生，教小学生肯定是信手拈来，可是事实证明我错了，急剧下滑的考试成绩，证明了我的狂妄自大，教育失败的沮丧让我无法面对那些天真可爱的学生。也正是这一次的经历，让我认识到，在实施教育时真正地去了解自己的教育对象和他们的学习特点是多么地重要。

一年后，我被调到乡镇上的中学任教，刚接手教学工作，学校就让我担任班主任。当时毫无经验的我根本不知道怎么去管理班级，但是当我第一次以班主任的身份走进教室，看着学生们脸上露出的欣喜表情时，我紧张的心情瞬时得到了放松。简单的自我介绍后，学生们也轻松地与我交谈起来，问这问那。看着他们，我突然觉得，原来和学生拉近关系的感觉是这么美好。在学生心中，我就像他们的大姐姐一样，他们把信任、依赖都交给了我，才让我有了把这个班级带好的信心。从此以后，我把自己当作班级的一员：教室里，我与这些孩子们一起探讨学习，帮他们答疑解难；操场上，我与他们一起运动玩耍，和他们一起强健身体；田径场上，留下了我与孩子们一起为运动员呐喊助威的回音；排球场上，洒下了孩子们认真去赢得比赛时的汗水与欢呼；教室前，印刻下孩子们为艺术节做准备时努力练习的背影；教室里，我与孩子们一起动手制作的班级书架赢得各位老师和领导的肯定；演讲台上，学生温婉的倡导至今还在我脑海回响……太多的点点滴滴，丰富了我的班主任生活，也让我深刻体会到被信任和被依赖的幸福。一年的日子，看似漫长实则短暂，虽然一年后我班的考核成绩并不算名列前茅，但我付出过爱，付出过真情，更得到了孩子们对我的肯定和喜爱，我很知足。这一年的经历，也让我明白，在教育中，若没有真心的爱和付出，再多的教育理论也只是泛泛而谈的苍白话语。

那以后，我再没担任过班主任，在不同的学校，我一直承担英语教学工作。随着教育形式越来越严峻，我深感自己知识的匮乏和能力的欠缺，好几次所带班级的成绩都不能走在前面。一次又一次的失败，让我有好几次想要放弃这个工作，尤其是面对个别调皮学生的顶撞和质疑时，我都感到无所适从。虽然我总是责怪学生的无知和叛逆，但其实我心里明白，是自己的无能和软弱，更是自己教育魅力的欠缺才让自己处于这些尴尬的境地。放弃，很容易，不过是轻轻地一转身一挥手，可是离开，难道就能更好地面对自己未来的路和选择吗？还记得，在我争取到老师这个工作岗位，面对考官的询问时，我信誓旦旦地说："世界上最棒的职业，不是因为你喜欢而去选择的，而是你选择了之后让自己喜欢上的。"不管是从事什么职业，在中途总会遇到你意想不到的困难和坎坷，你若屈服，便是逃避和懦弱，你若选择面对，便会在面对的过程中坚强和成长。所以，几年来，虽然我没有取得多少骄人的成绩，但我一直在不断地反省和努力，努力学着去包容，努力学着让自己的课堂更优化，我更在努力的过程中学会了谦虚做人，谨慎处事。所以，虽然有过难过和沮丧，但我仍然感谢这些挫折和针对我的学生，正是这些看似有心的针对，却让我在无形中学会了怎样去锻炼自己的心志，让自己在教育这条道路上更好地成长。

现在的我，时刻用过去的经历来提醒和认清自己，更认清自己今后在成长的道路上要怎么去做，才能真正成为一个受学生喜欢的老师。

十年磨一剑 杏坛花自香

■ 万更剑

地上本没有路,走的人多了,也便成了路。

——题记

1998年,师专毕业后我被分配到了骆驼城。刚参加工作的我,有说不尽的兴奋,但一走进课堂,却对教学过程很生疏,有的只是一般性地介绍知识而已,根本谈不上教学方法、教学艺术,与学生的交往倒是很顺畅,师生关系也很融洽。慢慢地,我跟其他老师学,照着大家的方法去做,结合教学参考组织上课。能把教参上的内容都理解了,能把学生都吸引住,算是一件不容易的事了,学生学习成绩还不错,那就算是好老师了。

我是一个理想主义者,但又是一个很现实的人。烧壳子就开水走过来的读书岁月,告诉了我求学生涯之艰辛,求学道路之崎岖。但艰苦的岁月砥砺了我的心志,促使我上进。知道自己没有能力改变在农村中学做教师的命运,我能做的就是把课上好,做一个学生欢迎、家长放心、领导信任、同行认可的好老师。

在探索教学之路上,我深深地感受到要想真正形成自己的教学风格,做学生喜欢的老师,做让人民满意的教师,就要为自己的课堂融入新的教学思想,而要有新的教学思想,就必须努力学习,善于积累。为此,我给自己写了一个座右铭:准备的程度决定一个人能走多远。首先,我抓住一切机会听其他有经验教师的课,从中学习他们的教学方法、课堂环节和教学经验;其次,我请有经验的教师听我的课,课后,我虚心请每一位听课的教师给我评课做指导,这使我在课堂教学中受益匪浅。再次,我抽空观看课例,从课例中汲取我所需要的"营养"。记不清听过多少节课,读了多少本关于课堂教学艺术的文章和专著。使我收益最大的是学习、观看课堂名师教学实录。钱梦龙先生灵活机智的引导和行云流水的课堂节奏,宁鸿彬先生对教材智慧的处理以及具有创造性的教学思路,还有魏书生先生对班级学生的多维管理思想,都曾碰撞过我的教学思想,冲击过我的教学理念。通过一段时间的努力,我对目标教学的课堂已具备了初步的驾驭能力。

2001年10月,县教体局举办了一次优质课评选活动,在专业的政治老师极端缺乏的情况下,学校推荐我去参加。那次活动给我留下了刻骨铭心的记忆。从通知下达到正式上课,只有短短两天时间,备课、上课,反复地修改,反复地打磨。两天下来,我头昏脑涨,走起路来头重脚轻,身体都是轻飘飘的。那是一次脱胎换骨的蜕变,浴火重生的涅槃。尽管那次评选活动我只得了二等奖,但竟成了我理想追求的开始——加强教研,打造自己的精品课堂。自那以后,我觉得自己对于课堂教学才算"入门"了,也入迷了。我感到对课堂似乎越来越有感觉,课堂教学中也逐渐形成了自己的风格。此后,我先后参加了几次县里组织的课堂教学大比武和课改优质课评选活动,效果良好,好几次都是一等奖,收获也颇丰。

2003年,第二轮新课程改革铺天盖地席卷而来,在新课程改革的促进下,我的教学理念有了全新的改变。我深深地知道了教育是一门艺术,是一门实践型塑造人的艺术,要成为一名成功的教师,就要做到多研究课堂教学,因为课堂是教师的实验田。实践告诉我,搞活课堂教学,关键是要不断地研究贴近学生需求的教学方法,研究自己独具魅力的教学特色。而教学研究不在于"深",而在于"实",不搞脱离实际、纸上谈兵的"昙花一现",而是走扎扎实实、一步一个脚印地从学生中来到学生中去的"学生路线"。我要重新整理教学思路,给自己的教学课堂一个全新的感觉。于是,我变换着各种方法研究课堂教学。我曾大胆地对课堂教学进行了改革,如免做作业,办政治手抄报,课堂上举办辩论会,创建学生自主学习课堂教学模式等。同时,在教学实践中不断地反思,对自己的一些做法进行了理性的分析,根据自己的实践又对以前的做法做了卓有成效的改革。

2008年,县教体局推荐我参加全市课改优质课大赛。这又是一次脱胎换骨的蜕变,又是一次浴火重生的涅槃。但这次我心底里是踏实的,有着手点,有"靠山",可以说这次竞赛是我们团队合作的成果。原骆驼城初中调动文科组全体老师协同作战，我们一起备课，一起收集资料，一起上课，一起反复地修改、反复地打磨，直到课程定型，老师们给了我很大的帮助。有老师开玩笑：" 这样的打造，不拿奖都说不过去。"

准备的程度决定一个人能走多远。我意识到新课程的推进必须依靠教科研的带动，必须提高自己的业务文化素质，于是我就一心扑在了教学研究如何服务教育教学上。从教学理论到教学实践，从教学方法的研讨到精品课堂的打造，从教学论文的撰写到教育课题的研究，我都乐此不疲。一分耕耘，一分收获。几经日出日落，几番奔走解难，终于有了一些小小的收获。近七八年来，我先后发表或获奖的论文有十余篇，主持和参与课题十余项，辅导学生实施的科技实践活动《玉米花卉制种》获第二十四届甘肃省青少年科技创新大赛二等奖，第二十四届全国青少年科技创新大赛三等奖。2009年、2011年，我两次被县教体局聘请担任全县优质课评选活动评委；2011年11月，我又被张掖市教育局聘请为全市课改优质课教学大比武评委；2012年3月，张掖市教育局组织了一次规模较大、档次较高的"四新送教"活动，在全市范围内巡回开展，我被聘请为点评专家，活动中，我做了《创新教学方法，构建高效课堂》的专题讲座，反响较好。2013年，张掖市教育学会、张掖市教科所联合编纂的一套《普通高中招生考试复习指导》，安排我承担历史学科的主编任务。接受任务后，我和编写教师一起熬夜、一起挥洒汗水，几经走访、论证，形成构思；几经伏案劳作、查阅资料、研讨商定，形成初稿；又几经反复修改、审定，最终定稿。我主编的初中历史复习指导由甘肃教育出版社出版发行，现在在全市推广使用，效果良好。

几次的评委经历和"四新送教"活动，给了我很大的冲击，我的教学理念也有了全新的改变。尤其是全市优质课教学大比武，对我的冲击不亚于冲击波，几堂课下来，一种坐井观天的鄙薄自袭而来，以往自以为是的我，才知道多年来苦心经营的教研业务原来仅仅是蜻蜓点水，浅尝辄止，既无高度，又缺深度。我也深深地懂得了：外面的世界很精彩，山外有山，天外有天，要汲取知识的养分，还要立足实际，放眼外界。但我坚信：有攀登的足迹，就有闪光的目标；有前进的车轮，就有坦荡的大道。我会沿着这条大道，一如既往地向前走下去。

"生命浮沉舟自撑。"人们喜欢用红烛比喻老师，歌颂那种燃烧自己，照亮别人的精神。可我，宁愿作一只灯泡，哪怕只是发出一点点光亮，也要在自己的人生道路上不断充电。

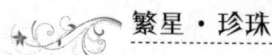

行走在理想与现实之间

■ 高淑娟

　　这是我刚参加工作一年，于母校宣化中学写的一篇教师演讲稿，讲述了我初为人师时的心境，我曾经的梦想与故事。今把它作为本次"我的教育故事"征文随笔，算作怀念母校的一篇悼文，以告慰我昔日的教育理想，勉励今日的教育现实。

——写在前面

　　今天站在这里，我一点都不觉得陌生。十一年前，也就是1999年吧，正读初一的我，曾站在这儿做过一次演讲，还闹了一段笑话，把马克思说成了马思克，闹得下面哄堂大笑，把当时的校长气得在演讲结束的奖评会上说："有些学生连马克思都不知道，你干脆说成马彩克算了。"就为这么点小事，我曾哭了整整一下午。这些年来，偶尔想起这事，都忍不住痴痴地笑起来。现在想来，这应该是我初中生活最有趣的记忆。

　　今天我又站在这儿做演讲。十一年前的我，不，即便是一年前的我，做梦也想不到会有这么一天。十一年，恍如一梦，兜了一大圈，又回到了原点，回到了母校。再次站在这，我依然还是原来的我，只是身份有别。十一年前，我是母校的一名学生，十一年后，我是母校教师队伍中的一分子。

　　必须坦白的是，一年前，当我以新的身份到宣中报到的那天，我的心情是低落的。我清楚地记得2010年2月24号的日记本上，我写下了这样一段话："难道真让三尺讲台将一生锁定，也许黑板还不是太过于狭窄，但粉笔实在是有点苍白，我一点都不怀疑，那伴随年华飘落的粉尘，足以埋葬我一生所有的梦。"

我就怀着这样一份心情开始了我人生中的第一份正式职业。可想而知，这一年多来，无论是日常工作中所犯的错误，还是我所带班级的成绩，抑或是在学校日常活动的参与积极性上，以及在与人相处的态度上，甚至身体健康等方面，我的表现多么令人失望。

这一年多来，每每在讲课之余，我总是在讲台上踱来踱去，从左到右，再从右到左，永远都是整整十步，我常常问自己，十步，难道这就是我人生旅途的长度吗？

直到前不久在网上读到了一篇名为《出租车司机的哲学》的文章。文中说的是一个一开始一直不满抱怨的出租车司机，后来，改变工作服务态度，热情敬业，最终获得人们满意、好评，取得事业成功的故事。文章的最后还发出号召，希望我们停下抱怨，改变自己的生活态度，不要做喋喋不休、抱怨不止的鸭子，而是打起精神，爱岗敬业，做展翅飞翔的雄鹰。

这则故事，对我触动挺大。我觉得自工作以来，我就是那只鸭子，我虽不奢望有一天能拥有像雄鹰一样的事业和成功，但我希望有一天能拥有鹰一样的自由和快乐。

这之后，我回忆了许多。

我想起了，2009年大学毕业的散伙饭上，我们文史学院的书记说的话："你们中的大部分，毕业后会到农村中学从事教师这份职业，如果有一天你丧失了最初的理想和热情，不要忘记从一开始你选择师大的那刻，就选择了做一朵'沙漠中的玫瑰'。"

我也想起了，多少次在电话里与姐姐争吵我是否开始堕落的问题，我总是理直气壮地说："无所谓堕不堕落，太阳还是那个太阳，星星也依然还是那个星星，只不过我从事着一份名叫'鸡肋'的工作，食之无味，弃之可惜，我只能如此这般。"

然而，读完那篇文章的那天晚上，我思考了许久。

我突然发现，一直以来，我所谓的离不开，原来是还不想离开。我所谓的放不下，更多的是舍不得。

我不会忘记，上学期在工作中我犯错误后，我的那份内疚和领导的那份宽容。这让我懂得了什么叫大度和胸怀。

我也不会忘记，从张掖听课回来，我在汇报会上说的"会站在三尺讲台的边缘，将负课教师进行到底"的诺言。

我也不会忘记，上学期我生病住院的日子，我的同事、领导到医院看望我时的那份真诚与关怀。

我更不会忘记，我的学生在平安夜托其他老师给我带去的平安果，这是我长这么大吃到的最甜的灵丹妙药。我依然清楚地记得，平时淘气调皮的几个男孩子，在我病床前的那份安静、乖巧、懂事。虽无只言片语，但我感受得到，谢谢你们送我的鲜花，这应该会是我这辈子收到的最美最温暖的花。

我突然明白，三尺讲台或许未必是我这一生的归宿，但是，毋庸置疑，漫漫人生路，不论我急急地奔，还是缓缓地行，记忆深处，总有一个关卡过不去，那就是宣中的从教生涯。它，必将成为我记忆深处，温暖、珍贵、幸福的一站。

我突然想起，毕业前夕，我们班的兄弟姐妹谈及未来、谈及职业规划，我当时非常激动、非常肯定地说，这世上只有两种人能当老师，一种是伟大的人，一种是平庸的人。

但，这一年半的亲身经历，一年半的所见所闻，我最终意识到我错了。我突然发现我身边的这些普通、平凡的同行，无论年轻还是衰老；无论是男是女；无论是把这份职业当事业来经营，还是仅仅只是一份谋生的手段，也或许只是一份不得已无奈的选择；无论满意抱怨与否；无论大家从事这份职业的初衷是什么，每一个人，工作中，都是那么地尽职尽责，都至少做到了"在其位，司其职"。这份无言的爱心、耐心、良心、责任心，这份平凡的善良、忠厚、宽容、朴实都令我感动不已、温暖不止。

我明白，作为学校这个小家庭中的一员，也许没有什么好的前途，也许没有什么大的成功，但我坚信，它是当今这繁华、浮躁的俗世中最干净、最简单、最纯粹的一方净土。

或许有那么一天，我最终选择了安于现状，心足而幸福地说："三尺讲台，即是我的七尺之棺，我一生执着其中，酸甜苦辣，坚定无悔。"

也或许某一天，我终究选择半途而废，但我一点都不怀疑，这段经历必将成为我生命历程中无法忘却的记忆。相信许多年后，当我追忆往事，这段岁月，我依然无法将它轻描淡写，一笔带过。

那些难以忘记的点滴，偶尔想起，总会不由自主地、莫名地傻傻发笑。

我无法忘记，在如此喧闹、浮躁的社会氛围下，宣中竟然还有一位写诗的老师，虽不是什么名篇巨著，但却热情、真诚，令人感佩。

我也偶尔会想起，宣中有一位老师，曾向我谈及他刚参加工作时的热情，在述职大会上他曾大声地说过："我热爱这份工作、这片土地。"虽无缘亲耳听到，但依然可以想象到那刻的血性十足、豪情满怀。

不会忘记我们粗俗却温暖的餐厅文化。

时常想起，年级组排球比赛中，我滑稽的参与，蹩脚的表现，很开心能够获胜，更期待奖金发放的日子，虽然这里面好像没有我什么功劳，但我真的非常乐意毫不客气地去分享这份荣耀。

不会忘记，我们全体女老师好玩的篮球赛，虽然我们队输了，但那一天真的是我自进宣中以来，最开心的日子。

时常想起，初一的学生在雨地里，放声背诵《生于忧患，死于安乐》的情景，每每这种时候，我总会想起，第一次看《恰同学少年》时，那些年轻的学子，在国难当头，齐声背诵梁启超的《少年中国说》的慷慨激昂，这才是血性而年轻的生命本色。

非常庆幸，能有机会参加期中考试后的座谈反思会，虽然我扮演的角色并不光彩（所带班倒数第一），但我真的非常开心，倒不是因为我脸皮厚，只是为能听到几位老师精彩的发言而觉得三生有幸。我清楚地记得那次大会上我曾说："虽然今天我是以一位很差劲的老师的身份发言，但是我相信总有一天我会成长为一名优秀的教师。因为我从来都不迷信一个叫作失败的词，我始终相信一个叫作努力的词，一个叫作执着的词，我相信岁月会见证我的成长。"

5月16号早自习，到九（3）班听了一节政治课，黑板上一则有关阳光和影子的材料，给我留下了很深的触动。具体内容我忘了，但回去后，我在当天的日记中写下了这样一段话："我一直都在低头寻找影子的踪迹，却忘了抬头仰望天空，透过瞳孔这扇天窗，去接收自己生命的那束阳光。"

是的，从明天起，做一个认真生活的人。

即使不能面朝大海，依然相信春暖花开。

心灵的守望

■ 王希平

我于2005年从西北师范大学体育学院毕业，2008年开始工作，至今已九年。教学的点点滴滴历历在目，闭上眼睛，一幕幕清晰地在脑海中浮现。

我忘不了开学第一天面对一群孩子的恐慌，忘不了上第一堂课的兴奋与紧张。通过一次次的学习观摩、新教师的培训、一位位名教师的经验介绍，我渐渐地了解了孩子们，慢慢地熟悉了教学工作。不知不觉中，曾经陌生的一切如今已不再生疏，而曾经那个对工作一无所知、尚且带着一脸稚气的我，如今也已多了几分成熟与稳重。见习期间，我既积极参加学校组织的各种学习，又广泛地开展自学，积极参加进修校组织的新教师培训，工作上服从领导的安排，认真负责、踏实肯干，凡事积极主动，迎难而上，不怕苦，不怕累。在众多前辈毫无保留的指导和帮助下，我的教学能力增强了，在教学中克服了紧张感，能够形成有个人风格的教学活动。

回顾成长的足迹，我学到了很多，也收获了很多。回首刚考上老师时的激动，回忆起一次次参加教师进修学校安排的活动，感觉自己的努力没有白费，自己在不断地成长，不断地适应教师这个行业，不断地进入教师这个角色。正所谓"十年树木，百年树人"，踏上了三尺讲台，也就意味着踏上了艰巨而漫长的育人之旅。

怎样才能做一名好教师呢？我深深地懂得：教师的工作是神圣的，也是艰苦的，教书育人需要感悟、时间、精力乃至全部心血的付出。这种付出是需要以强烈的使命感为基础的，是要以强烈的责任心做代价的。一个热爱教育事业的人，是要甘于辛劳，甘于付出，甘于无怨，这是师德的首要条件。

我想，作为教师，不仅是一个学者，更应该是一个研究者，在教学育人的过程中，教师必须以局内人的身份"进入"生活本身，"入乎其内"，根据教学现场当时的"内在真实"来展示教学的真实面貌。在教学中，我总是想方设法，设计一些小游戏，让学生都能快乐地参与。爱玩是孩子的本性，所以我会在课堂上设计一些小游戏，通过这些小游戏来调动他们学习的兴趣，玩中有学、学中有玩，让学生在各种游戏中慢慢习得新知。